Werner Hesse

Beiträge zur Geschichte der früheren Universität in Duisburg

Werner Hesse

Beiträge zur Geschichte der früheren Universität in Duisburg

ISBN/EAN: 9783743613713

Hergestellt in Europa, USA, Kanada, Australien, Japan

Cover: Foto ©ninafisch / pixelio.de

Manufactured and distributed by brebook publishing software (www.brebook.com)

Werner Hesse

Beiträge zur Geschichte der früheren Universität in Duisburg

Beiträge zur Geschichte der früheren Universität in Duisburg

von

Werner Hesse.

Duisburg.
Gedruckt bei F. H. Nieten.
1879.

Beiträge zur Geschichte

der

früheren

Universität in Duisburg

von

Werner Hesse.

Duisburg.
Gedruckt bei F. H. Nieten
1879.

Vorrede.

Die vorliegenden Mittheilungen, welche ich: „Beiträge zur Geschichte der früheren Universität in Duisburg" betitelt habe, waren von vornherein bestimmt, in der Rhein- und Ruhrzeitung veröffentlicht zu werden. Mit Bezug auf den im Auge gehaltenen größeren Leserkreis mußte ich mich deshalb darauf beschränken die culturgeschichtliche Bedeutung des Universitätslebens zu schildern, wie sie sich in den Hauptepochen während des Bestehens der Hochschule für Stadt und Land darstellte und für die jetzigen Bewohner des Letzteren von Interesse sein muß. Für eine tiefer gehende Beurtheilung der Wirksamkeit der Universität reichen die wenigen Bogen nicht aus, welche mir zu benutzen vergönnt waren; meine Arbeit dürfte aber vielleicht doch ein Bild von dem Leben geben, wie es sich in damaliger Zeit in Duisburg entfaltete. Als fast einzige Grundlage meiner Schilderungen, die ich der Nachsicht der geehrten Leser übergebe, diente der reiche Actenschatz der Duisburger Universität, welcher in der Manuscriptensammlung der hiesigen Hochschule aufbewahrt wird. Dankbar erkenne ich es an, daß mir die Verwerthung desselben in der zuvorkommendsten Weise gestattet worden ist.

Bonn.

Der Verfasser.

Einleitung.

Ueber die Bedeutung und Abstammung der meisten Städtenamen in Deutschland sind oft sehr gelehrte, zuweilen aber auch höchst abenteuerliche Untersuchungen angestellt worden. Duisburg ist hiervon nicht ausgeschlossen. Da wir über die Geschichte der früheren dortigen Universität schreiben wollen, so könnten wir eigentlich davon absehen die älteste Geschichte der Stadt in's Auge zu fassen und über die ursprüngliche Benennung derselben etwas zu sagen, die alte höhere Lehranstalt daselbst wurde jedoch nicht so oft Duisburger, als Teutoburger Gymnasium genannt. Diese Bezeichnung legt es uns nahe, auf die sagenhafte Zeit zurück zu greifen, um jenen Namen zu erklären. Man hat den Umstand, daß die Stadt Duisburg eine Gegend innerhalb ihrer Mauern besaß, welche die Bezeichnung „Burg" führte, als einen Beweis ihres hohen Alters angesehen, die beiden ersten Silben des Stadtnamens Duis oder Tuis mit dem von dem römischen Geschichtschreiber Tacitus erwähnten alten deutschen Helden Tuisco oder Teut in Verbindung gebracht und das Ganze als Teutoburg gedeutet. Ein weiterer Hinweis, daß Duisburg das nach Angabe des Benedictinermönchs Aimon im 5. Jahrhunderte nach Christi Geburt von den Franken eingenommene Castell Dispargum sei, ist für uns ohne Belang.

Das Siegel der Teutoburger Academie, welches in einem im Jahre 1737 gedruckt erschienenen Werke von Joh. Georg Hagelgans: »orbis literatus germanico europans in synopsi repraesentatus« mitgetheilt wird, und über den Zustand der damaligen Hochschulen Auskunft gibt, bietet keinen Hinweis auf den erwähnten sagenhaften Ursprung der Stadt Duisburg. Dasselbe zeigt zwei Herzöge im Fürstenmantel, welche neben einander stehen und von denen jeder ein Scepter in der Hand trägt. Zur Seite des einen befindet sich das Cleve-Jülich'sche Wappen.

Bis zum Jahre 1187 besaß die Stadt innerhalb ihrer Ringmauern nur eine Pfarrkirche zu St. Salvator, welche auch nach der in dieser Zeit bewirkten Theilung des Sprengels und Hinzuziehung der St. Marien- und Johannes des Täufers-Kirche in den Stadtbezirk die Hauptkirche blieb und als solche später in nähere Beziehung zur Universität trat. Als Hansestadt und Sitz eines deutschen Ordenshauses erfreute sich die Stadt einer gleichen Unabhängigkeit, wie sie andere freie Reichsstädte besaßen. Nach der im Jahre 1288 Statt gefundenen Schlacht bei Worringen finden wir jedoch, daß die Schutzgerechtigkeit über Duisburg dem Grafen Reinold von Geldern eingeräumt wurde. Der zu derselben Zeit vom Magistrate und der Bürgerschaft abgeschlossene Vertrag mit dem Grafen Adolf von Berg wegen des Verkehrs in dessen Grafschaft und der Rechtspflege deutet noch auf eine gewisse Unabhängigkeit der alten Reichsstadt hin. Diese litt aber, als König Rudolf I. von Habsburg die Tochter seines Bruders Eberhard dem Grafen Dieterich von Cleve zur Gemahlin gab und derselben eine Morgengabe von 4000 (oder 2000) Mark Silbers bestimmte, wofür er die Städte Duisburg und Kranenburg verpfändete, also ihre Reichsunmittelbarkeit gefährdete. Durch die am 18. Februar 1290 erfolgte Ausfertigung der Pfandurkunde war der erste Schritt zur Uebertragung der Herrenrechte über die Stadt Duisburg auf die Grafen von Cleve besiegelt. In den Jahren 1347 und 49 wurde dann schließlich durch zwei Urkunden die bisher nur verpfändete Stadt Duisburg vom Kaiser Ludwig dem Baier zugleich mit dem ihr zuständigen Rheinzoll dem Grafen Johann von Cleve als Eigenthum verschrieben. Durch diese Verhandlungen verlor Duisburg den letzten Schein seiner Selbstständigkeit und wurde ein Theil der Grafschaft Cleve, obgleich die Stadt noch als Mitglied in der Liste der Hansestädte fortgeführt wurde. Im Jahre 1493 wurde von den Herzögen Johann II. von Cleve und Wilhelm von Jülich-Berg eine Erbvereinigung in Bezug auf die ihnen gehörenden Länder getroffen, hierdurch war die Verschmelzung derselben zu einem Ganzen angebahnt.

Die in der ersten Hälfte des sechszehnten Jahrhunderts aufgetretene Bewegung zu Gunsten einer Aenderung der kirchlichen Zustände fand in Duisburg, wie in vielen anderen Städten des Reiches, einen günstigen Boden. Ein großer Theil der Bewohner schloß sich derselben an und gewann solchen Einfluß, daß wir im Jahre 1551 schon die Anstellung Heinrich Horsters als ersten evangelischen Predigers an der St. Salvatorkirche erwähnt finden. Die Reformfreunde hatten an dem damaligen Herzoge Wilhelm einen mächtigen Beschützer, welcher besonders gegen die umherreisenden Bullenverkäufer scharfe Verordnungen erließ, und ihnen bei Strafe der Ersäufung den Eintritt in sein Land verbot. Zu diesem Behufe hatte er an die Stadtpforten große Säcke aufhängen lassen, welche zur Ertränkung der römischen Sendlinge dienen sollten. In der Stadt sowohl, als in dem benachbarten Dorfe Duissern, blieben jedoch die dort befindlichen Klöster noch eine geraume Zeit lang bestehen, auch hielt ein Theil der Bürgerschaft fest an dem alten katholischen Glauben. Das Glück oder Unglück der kirchlichen Bewegung hing damals überall an der Spitze des Schwertes. Je nachdem die eine oder andere Partei die Oberhand gewann, wurden die Widerstrebenden oft durch die grausamsten Mittel unterdrückt; so wogten auch die Verhältnisse in Duisburg bald auf bald ab. Siegten die katholisch Gesinnten, so wurden die Kirchen den Anhängern Roms überwiesen, lagen Truppen der Evangelischen im Orte oder in dessen Nähe, so waren die Katholiken allen möglichen Hemmnissen und oft Mißhandlungen ausgesetzt. Im Allgemeinen scheint Herzog Wilhelm ein Freund des Friedens gewesen zu sein, denn er strebte wenigstens dahin die Bewegung in ruhige Bahnen zu lenken, die Verhältnisse waren aber sowohl zu seiner Zeit, als in der seiner nächsten Nachfolger stärker, als es einem kleinen Landesherrn lieb sein konnte.

Duisburg litt sehr unter den Kämpfen der Spanischen und Niederländischen Heere. Die Niederlage der ersteren wirkte am Niederrhein zu Gunsten der Reformfreunde. Die Mönche verließen die Klöster, und der Pater Guardian der Minoriten in Duisburg sah sich im Jahre 1574 sogar veranlaßt sein Kloster zu schließen und die zeitweilige Verwaltung der Besitzthümer einem weltlichen Rentmeister zu übertragen. Acht

Jahre später konnte sich auch das abelige Cystercienser Frauenstift in Duissern nicht mehr halten und fiel der Verpachtung anheim. Am 25. März 1609 starb Herzog Johann Wilhelm, der Sohn Wilhelms und letzte Graf des Cleve'schen Stammes, ohne einen directen Erben zu hinterlassen. Ansprüche an das frei gewordene Land erhoben, da eine alte Anwartschaft des Kurfürsten von Sachsen in den Hintergrund trat, die Kurfürsten von Brandenburg und von Pfalz Neuburg. Beide waren dem evangelischen Glauben zugethan. Der Prinz Wolfgang zu Neuburg trat, um sich des Beistandes des Erzherzogs Albrecht zu sichern, zur katholischen Religion zurück, dieser Schritt brachte dem Kurfürsten von Brandenburg, welcher sich auf den reformirten Prinzen von Oranien und die siegenden Niederländer stützte, ein bedeutendes Uebergewicht. Wenn auch in den zwanziger Jahren des siebenzehnten Jahrhunderts die Spanier zeitweise Erfolge errangen, und sogar die Minoriten zurückkehrten, um ihre früheren Besitzungen wieder zu übernehmen, so trat doch keine dauernde Aenderung zu Gunsten der katholischen Partei ein. Die Reform siegte und im Jahre 1638 kam sogar der Fall vor, daß der damalige Guardian der Minoriten D. Nicolaus Th. Armiger offen zum reformirten Glauben übertrat.

Im Jahre 1644 besetzten kurbrandenburgische Truppen die Stadt Duisburg, und zwei Jahre später kam der große Kurfürst selbst dorthin und wurde mit großen Ehren empfangen. Am 11. Oktober 1650 erfolgte der Friedensschluß zwischen Kurbrandenburg und Pfalz Neuburg, und am 19. November desselben Jahres feierte man in Duisburg ein großes Lob- und Dankfest für diese glückliche Wendung der Dinge, wodurch Kurbrandenburg zum Herrn der clevischen Lande geworden war.

In diesen Verhältnissen liegt die Thatsache begründet, daß die Universität in Duisburg einen rein evangelischen Charakter erhielt, da die Kurfürsten von Brandenburg diesem Glauben zugethan waren.

Der Gedanke, der ächt katholischen Richtung der Universität in Köln sowie den Jesuitenschulen in Düsseldorf und Emmerich in den rheinischen Landen ein bedeutendes Gegengewicht zu geben, veranlaßte hauptsächlich den Herzog Wilhelm von Cleve den Plan zur Gründung einer neuen Universität in's Auge zu fassen; wenn er nicht schon früher zur Ausführung kam, so lag dies eben an den unsicheren Verhältnissen der damaligen Zeit.

Die Gründung der Universität.

Mit dem Schulwesen war es in Deutschland bis zur zweiten Hälfte des vorigen Jahrhunderts sehr schlecht bestellt, auch liegen von den wenigsten Städten des Reiches eingehendere Nachrichten vor. So lange die katholische Religion die herrschende war, nahmen sich die Mönche und Nonnen der Erziehung der Jugend an, außerdem befaßten sich einzeln stehende Geistliche und selbst Leute, die kaum die Anfangsgründe des Lesens und Schreibens sich angeeignet hatten, mit dieser wichtigen Arbeit. Wir finden, daß ausgediente Soldaten, Thorwärter sowie weibliche Personen des sogenannten dritten Standes, welche sich als weltliche Angehörige eines Klosters betrachteten und im Rheinlande bis zum Ende des vorigen Jahrhunderts als Beguinen oder Klöpger bezeichnet wurden, Privat- oder Heckschulen unterhielten. In einigen Städten wurden halbstädtische Unterrichtsanstalten durch fromme Vermächtnisse eingerichtet. Aus lateinischen Schulen gingen an vielen Orten aus Vermehrung der Classen vollständigere Gymnasien hervor, durch besondere Begünstigungen entstanden hier und da Academien, und diese fanden in einzelnen Fällen ihren Abschluß dadurch, daß aus der vorhandenen Academie durch kaiserliche und päpstliche Genehmigung eine Universität errichtet wurde. Ein Diplom des Kaisers und ein Breve des Papstes wurden als Vorbedingungen ihres rechtlichen Bestandes angesehen. Diesen natürlichen Verlauf finden wir auch, abgesehen von den religiösen Beziehungen, in der Entstehungsgeschichte der Universität in Duisburg.

Im Jahre 1559 wurde der gelehrte Heinrich Castritius, welcher von seinem Vaterlande auch Geldorpius genannt wurde, nach Duisburg berufen um die dortige Kinderschule zu übernehmen. Er erhielt als Gehülfen einen gewissen Johann Molanus aus Bremen. Man richtete mehrere Classen ein, über deren innere Einrichtung jedoch nähere Mittheilungen fehlen. Ohne Zweifel war der Unterricht in derselben Weise eingetheilt, wie er uns von anderen Orten überliefert worden ist. Die Schüler fanden sich nach ihrem wissenschaftlichen Standpuncte zu verschiedenen Stunden des Tages ein, so daß z. B. ein Theil derselben von 7 oder 8 Uhr Morgens bis 10, ein anderer von 10½ bis 12 oder 1 Uhr und so weiter den Unterricht genoß. Bei der in Duisburg getroffenen Einrichtung wird schon erwähnt, daß in Ermangelung einer Universität, woran man also schon dachte, in den oberen Classen auch die höheren Wissenschaften betrieben werden sollten. Eine Druckerei scheint in den siebenziger Jahren des sechszehnten Jahrhunderts in Duisburg noch nicht bestanden zu haben, denn Johann Thybius, welcher eine Geschichte der Stadt in lateinischen Versen geschrieben hat, ließ sein Werk zu Homberg in der Grafschaft Moers drucken.

Im Jahre 1657 dachte man jedoch schon daran diesem Mangel abzuhelfen. Die Universität schlug deshalb vor, einen Buchdrucker Namens Weingarten aus Leyden kommen zu lassen, der viele Typen besitze und auch bereit sei nach Duisburg überzusiedeln, wenn ihm der Genuß der academischen Freiheiten zugestanden werde. Diese Sache scheint sich aber damals zerschlagen zu haben. Als später wirklich eine academische Buchdruckerei gegründet wurde, gehörte der Besitzer derselben auch wirklich zur academischen Gerichtsbarkeit und galt als Beamter der Universität.

In den handschriftlichen Nachrichten, welche sich auf der Universitäts-Bibliothek zu Bonn befinden und die Duisburger Hochschule betreffen, wird mitgetheilt, daß Herzog Wilhelm von Cleve bereits im Jahre 1560 den Entschluß gefaßt habe „zu mehrerer Aufnahme der Stadt als des Landes eine Universität zu Duisburg aufzurichten." Daß Herzog Wilhelm sich zu dem Behufe an den Papst wandte, und ihn um Ausfertigung eines Diploms bat, obgleich er selbst zur Beseitigung der kirchlichen Mißbräuche die Hand bot und den einzuführenden Neuerungen hold war, kann nicht auffallen. Er folgte hierin nur dem Herkommen, nebenbei ist nicht zu vergessen, daß eine in sich abgeschlossene evangelische Kirche, wozu freilich durch die Augsburgische Confession der Grund gelegt worden war, kaum bestand. Es war damals gewissermaßen eine Uebergangsperiode, eine Zeit des Werdens. Zur Unterhaltung der Universität hatte Wilhelm die Einkünfte aller weltlichen Bruderschaften in den sechs vereinigten Ländern Cleve, Jülich, Berg, Mark, Ravensberg und Ravenstein bestimmt. Dieser Plan zur Beschaffung der erforderlichen Geldmittel zeugt vielleicht von dem fortschrittlichen Character des Herzogs, wenn er nicht einen Beweis für die damals beliebte Methode der hohen Herren liefert, das Geld zur Ausführung eines Lieblingsgedankens rücksichtslos zu nehmen, wo es vorhanden war. Das gewünschte Diplom wurde vom Papste Pius IV. am 10. April 1562 ausgefertigt und ist in der gleichen weitschweifigen Form abgefaßt wie alle derartige Urkunden. Ein Abdruck desselben befindet sich in dem von Lacomblet herausgegebenen niederrheinischen Urkundenbuche IV S. 706. Die kaiserliche Genehmigung Maximilians II. erfolgte unterm 26. Mai 1566 aus Augsburg. Auch dieses Schriftstück unterscheidet sich nicht von den vielen ähnlichen Privilegien, welche wir von anderen Universitäten besitzen.*) Es werden darin der neu zu errichtenden Duisburger Hochschule dieselben Gerechtsame zugesichert, deren sich die gleichen Unterrichtsanstalten in Bologna, Heidelberg, Freiburg, Ingolstadt, Padua, Paris, Perugia u. s. w. zu erfreuen hatten. Die vielen inneren Unruhen, wobei der kirchliche Zwiespalt keine geringe Rolle spielte, dann aber die unsicheren Verhältnisse des zu jener Zeit wüthenden spanisch-niederländischen Krieges, durch welche die niederrheinische Gegend sehr in Mitleidenschaft gezogen wurde, setzten der Einrichtung der Universität jedoch unüberwindliche Hindernisse entgegen. Bis zu einem gewissen Grade waren die Vorarbeiten aber schon gediehen. Eines der vorhandenen Klöster sollte als Universitätsgebäude dienen, auch hatte man in Aussicht genommen tüchtige Lehrkräfte für die einzelnen Unterrichtsgegenstände auszuwählen. In Duisburg selbst fehlte es nicht an gelehrten Männern, welche sich eines großen Rufes im Deutschen Reiche erfreuten und der neuen Hochschule sicher zur Zierde gedient haben würden. Zum Rector der Universität hatte man Georg Cassander bestimmt, welcher früher zu

---

*) abgedruckt: Teschenmacher Ann. Cliv. cod. dipl. n XXI p. 11.

Köln und Xanten gewohnt hatte, in der letzten Zeit aber sich dauernd in Duisburg aufhielt. Als theologischer Lehrer konnte er mit Jedem in die Schranken treten. Im Jahre 1563 wurde er von dem Herzog Wilhelm beauftragt in Verbindung mit Georg Wicelius die streitigen kirchlichen Fragen namentlich die Irrthümer und eingeschlichenen Mißbräuche gründlich zu untersuchen, um wo möglich einen Weg ausfindig zu machen zur friedlichen Ausgleichung der Reformationsbestrebungen. Franciscus Balduing, ein tüchtiger Kenner der römischen und päpstlichen Geschichte und Rechte, sollte über diesen damals sehr wichtigen Gegenstand Vorlesungen halten, andere Lehrstühle waren dem Rathsherrn Andreas Masius von Cleve, Theodor Pullmann, Probst zu Kranenburg und Winand Pighius zugedacht. Auch die beiden in Duisburg wohnenden Gelehrten, Rector Monhemius und Gerhard Mercator hatten mit mehreren anderen, wie es heißt „sonderbaren" Gelehrten zugesagt an der Universität zu wirken.

Der berühmteste von all diesen Männern war wohl Mercator. Sein Vater stammte aus dem Jülich'schen, er selbst aber war am 5. März 1512 in Rupelmunde in Flandern geboren. Seine Ausbildung erhielt er in Bois le Duc und Löwen, in dem letzteren Orte doctorirte er. Von ihm wurde erzählt, daß er so eifrig im Studiren sei, daß er genöthigt werden müsse, Nahrung zu sich zu nehmen. In der Mathematik, Geographie, Astronomie und Kupferstechkunst hatte er binnen kurzer Zeit solche Fortschritte gemacht, daß er selbst Unterricht darin ertheilen konnte. Seine Kunstfertigkeit ging so weit, daß er im Stande war, die zu seinen Arbeiten nöthigen Instrumente selbst anzufertigen. Als er im Jahre 1541 dem Cardinal Granvella einen selbstverfertigten und ausgezeichnet gearbeiteten Erdglobus überreichte, empfahl ihn dieser Kirchenfürst dem Kaiser Karl V., welcher ihm mehrere Aufträge zur Anfertigung von Globen gab und ihn besonders auszeichnete. Im Jahre 1559 ließ sich Mercator dauernd in Duisburg nieder und lebte dort als Kosmograph des Herzogs von Jülich. Aus dieser Zeit stammen die meisten seiner Karten, deren Tüchtigkeit noch jetzt anerkannt wird. In den letzten Jahren seines Lebens ließ er sich auch von den kirchlichen Streitigkeiten beeinflussen, er schrieb selbst mehrere theologische Abhandlungen. Die wirkliche Gründung der Universität in Duisburg erlebte Mercator nicht mehr, er starb, 82 Jahre alt, am 2. December 1594 und wurde in der Salvatorkirche begraben. Aus dem Jahre 1611 wird Petrus Scriverus als Rector der lateinischen Schule genannt, welcher über die letztere auch eine lateinische Abhandlung geschrieben hat. In den ersten zwanziger Jahren des siebenzehnten Jahrhunderts scheint diese lateinische Schule einen ziemlichen Aufschwung genommen zu haben, Rudger Eickels, Gerhard Mercator, Johann Bungards, Caspar Peter Gottschalk und Hunold Teschenmacher waren als Lehrer an derselben beschäftigt. Leonard Weidner hatte die Rectorstelle inne. Diese Blüthezeit war jedoch nur von kurzer Dauer, die Kriegsereignisse und Uneinigkeiten im Lehrerpersonale brachten die Schule wieder zum Verfalle. Im Jahre 1634 finden wir nur noch zwei Lehrer an derselben beschäftigt.

Ein tüchtiger Fortschritt trat jedoch im Jahre 1636 ein, als Isaak Kramer aus der Pfalz nach Duisburg berufen wurde, um die dortige lateinische Schule als Rector zu übernehmen. Mit rastlosem Eifer nahm er sich derselben an, er wußte es durchzusetzen, daß zu den vorhandenen vier Classen noch eine fünfte neu geschaffen wurde und man ihm vorläufig auf zwei Jahre noch ein verschließbares Zimmer an der Capelle auf dem Salvatorkirchhofe zur Benutzung für Schulzwecke anwies. Leider starb Kramer schon zwei Jahre darauf, sein Nachfolger wurde Philipp Gensauf, als Conrector stand ihm Henrich Mollius zur Seite. Im Jahre 1639 wurden die Schulräume erweitert und in Stand gesetzt, zu den erforderlichen baulichen Einrichtungen wies der Burgemeister Raab das nöthige Holz an. Auch ordneten die Scholarchen an, daß alljährlich Prüfungen in den einzelnen Classen stattfinden und den tüchtigsten Schülern Prämien und Belohnungen für ihre Leistungen bewilligt werden sollten. Die auf dem großen Kirchhofe damals stehende alte Capelle, welche als eines der ältesten christlichen Bauwerke der ganzen Umgegend angesehen wurde, leider aber ihrem Verfalle entgegen ging, ließ die städtische Behörde auf Gemeindekosten wieder herstellen, mit neuen Fenstern, Lehrstühlen und Sitzbänken versehen und überwies sie der lateinischen Schule. In ihr wurden im Jahre

1640 die ersten öffentlichen Prüfungen der studirenden Jugend abgehalten. Nach Eröffnung der Universität ging die Capelle in deren Besitz über und diente derselben stets als zweiter oder kleiner Hörsaal. Es war jedoch an dieses Besitzthum die Bedingung geknüpft, daß die Universität zweimal im Jahre diese Räume der lateinischen Schule zur Abhaltung ihrer Schuljeierlichkeiten überlassen mußte.

Wie die Stadt Duisburg, so hatten auch die Cleve'schen Landstände die Hoffnung, eine Universität zu erhalten, nicht aus dem Auge gelassen. Die letzteren richteten bald nach dem Regierungsantritt des Großen Kurfürsten im Jahre 1641 eine Denkschrift an denselben, worin sie diesen Gegenstand zur Sprache brachten. Sie baten um die Anweisung der nöthigen Mittel und hoben hervor, daß sie bei dem Mangel einer Landesuniversität gezwungen seien, ihre Kinder weit ins Ausland zu senden, um ihnen den Vortheil eines höheren Unterrichts zu Theil werden zu lassen. Der Kurfürst, welcher weder bei den damaligen unruhigen Zeiten die nöthige Ruhe finden konnte, noch die erforderlichen Mittel zur Verfügung hatte, vertröstete die Bittsteller in einem Rescripte aus Königsberg vom 3. April 1642 auf bessere Zeiten. Die General-Synode und die Stadt Duisburg ließen diese Sache aber nicht einschlafen, sondern waren unablässig bemüht, dieselbe in Anregung zu bringen. Auch der damalige Statthalter, Prinz Moritz von Nassau, sowie die beiden Cleve'schen Geheimräthe Wirichs v. Bernsau und Vicekanzler Johann v. Diest thaten das Ihrige, um den Kurfürsten für den Plan geneigt zu machen.

Unterm 20. November 1652 richteten die zur Cleve'schen Regierung verordneten Geheimräthe nochmals ein dringendes Bittgesuch an den Kurfürsten, worin sie ihm vorstellten: ob er sein Zusammentreffen mit dem Kaiser in Prag nicht dazu benutzen wolle, die Erneuerung und Bestätigung des kaiserlichen Privilegiums zur Gründung der Duisburger Universität, welches sie abschriftlich beifügten, nachzusuchen. Durchschlagender als dieser Schritt war aber eine persönliche Vorstellung des Prinzen Moritz bei Gelegenheit einer Anwesenheit des Kurfürsten in Cleve.

Da der Geldpunct vor Allem in Betracht kam, so war es von Belang, daß Prinz Moritz 20 000 Thaler Ersparnisse, welche durch Einziehung und Abschaffung von Gnaden- und extraordinären Bestallungen sich herausstellten, als einen geeigneten Fonds für die Universität aufweisen konnte.

Prinz Moritz theilte dem Kurfürsten mit, daß schon damals der Besuch der mit academischen Rechten begnabigten höheren Schule in Duisburg ein recht erfreulicher sei, und man einen großen Aufschwung derselben sicher erwarten könnte, wenn für eine gute Besetzung der Lehrstühle Sorge getragen würde. Von den 20 000 Thalern beanspruchte er nur jährlich 1000 Thaler zur Bestreitung der Gehälter von vier bis fünf Professoren.

Der Kurfürst bewilligte diese Summe sofort am 14. October 1653, hiermit war also der erste Schritt zur Stiftung der Universität geschehen. Am 15. October des nächstfolgenden Jahres unterzeichnete derselbe dann das hierunter mitgetheilte Gründungspatent:

„Von Gottes Gnaden Wir Friedrich Wilhelm 2c. Thun hiemit kund und zu wissen, alß Wir bey Uns reiflich erwogen, wasmaßen Unser Vorfahr an diesen Unseren clevisch und angehörigen Landen, weiland Herzog Wilhelm, christmilder gedächtnus, bey weyland Kayser Maximilian dem Zweiten, hochlöblichen Erwehnung, ein stattliches Pribilegium zu Anrichtung einer Universität, Academiæ und hohen Schul in Unserer Stadt Duysburg, in Unserem Herzogthumb Cleve gelegen, vor diesem erhalten — (hier folgt das von Kaiser Maximilian II. ausgefertigte Diplom: Dat. in civit. nra. imperial. Augusta Vindelicor. die vices. sexta m. Maji A°. milles. quingentes. sexages. sexto.)

Das Wir Uns zur Ehre Gottes des Allerhöchsten und diesen Unseren sämbtlichen Landen und Leuthen zum besten entschlossen die bißhero vielfältig eingefallner verhinderungen halber hinterbliebene ahn- und aufrichtung einer Universität in Duysburg in Gottes Nahmen zur Hand zu nehmen, dessen auch allbereits unlängst durch würckliche Anstellung der Professoren in unterschiedlichen Faculteten imgleichen mit bestimmung und verordnung einiger Einkunfften zur unterhaltung der Professoren ein anfang gemacht, zu welchen Einkunfften wir auch noch ein Tausendt Reichsthaler jährlich, wie auch die sämmtliche jährliche bruchten und geldstraffen Unseres

Land-droſten Ambts Dinßlaken gelegt. Wollen auch und befehlen hiemit, daß biß zu Unſer anderwärtiger verfügung hinfüro zween auß Mittel Unſerer Clebiſch und Märckiſchen Regierungs Räthen, einer auß den Ritterbürtigen, der ander auß dem Bürgerlichen ſtand, wie auch neben ihnen Unſer Schultheiß zu Duysburg und der Bürgermeiſter daſelbſt, Curatores ſolcher Unſer Univerſität und Academiæ ſeyn und alle fleißige ſorg tragen ſollen, daß alles nach inhalt ob. erwehnten kaiſerl. Privilegii gemäß angeſtellet, gehalten und verrichtet: von Profeſſoren und Studenten, was jedem obliegt, mit Gottesfürchtigem erbarn leben und wandel embſich geleiſtet, Jnsbeſonderheit den Profeſſoribus die gebührende Ehr-erbietung erzeiget, die beſolbungen zur rechten Zeit bezahlet und zu ſolchem ende der Univerſität-Rentmeiſtern von denen welche ob. beſagte jährliche ein tauſend Reichsthaler zu bezahlen haben, warzu ſich dieſelben mit ayhe verbinden, Auch die Curatores im fall der verſaumung paratam executionem wider ſich ergehen zu laſſen hiemit bemächtigt ſein ſollen ꝛc. dieſelbe ſumma jedesmahl richtig gelegt werde.

Wir vergönnen auch hiemit gemelten Curatoribus, daß ſie zu verbeſſerung der einkunffte Unſerer Univerſität ſich bey den Ständen, Eingeſeſſenen und Unterthanen dieſer und anderer Landen etwa umb eine gewiſſe järliche beyſteuer bewerben, imgleichen, nachdem etwa die gefälle der Univerſität zu nehmen die Zahl der Profeſſoren vermehren mögen.

Weile auch daß Kayſerl. Privilegium alle diejenigen Brüderſchaften, Gilden oder Zunfften welche hin und wieder in den Stätten dieſer Unſerer Landen von weltlichen Perſohnen aus eigener geluſtung angeordnet, zu dem Ende allerdings abſchaffet, daß die dazu beſtimmte järliche Renthen und gefälle zu behueff Unſerer Univerſität angewandt werden ſollen. So iſt Unſer will und meinung, daß alle ſolche Renthen und Einkunfften zu unterhaltung einer gewiſſen anzahl ſtipendiariorum in ſelbiger Unſerer Univerſität gebraucht werden.

Ob auch etwa ein Profeſſor mit tob abgienge, ſo ſollen die Profeſſoren an deſſen Stelle den Curatoribus zween ob. brey andere bequeme Männer benennen, worauß die Curatores den tüchtigſten Unſern Clebiſch und Märckiſchen Statthalter und Regierungs Räthen vorſchlagen und auff derſelben erklär- und verordnung ohn die vorgeschlagene Persohn das beruffschreiben ergehen lassen. Zu den gradibus Doctoralibus Magisterii und Baccalaureatus sollen nach fleißigem tentamine, examine et publica habita oratione et disputatione allein tüchtige und bequeme Persohnen zugelassen werden.

Es sollen auch die Curatores darob seyn, daß die unkosten der promotionen nicht höher, als sie in anderen Universitäten, sonderlich zu Basel gebreuchlich, gesteigert werden. Und ist schlußlich krafft dieses Unser gnädigster will und Befelch, daß ob diesem allen und wie das Kayserl. Privilegium ferner in buchstaben mit sich bringet von Unseren Clevisch und Märckischen Statthaltern und Räthen wie auch den Curatoribus mit allem sorgfältigem fleiß gehalten und was der sachen nothturff erfordern will, in acht genommen und werckstellig gemacht werde ec.

Urkundlich haben Wir dieses Patent mit eigenen Händen unterschrieben und mit Unserem Insiegel bekräfftigen lassen.

So geschehen Cölln an der Spree ec.

Als Herzog Wilhelm der Reiche hundert Jahre früher den Plan gefaßt hatte, eine Universität in Duisburg zu gründen, war er Willens, zehn bis elf tüchtige Professoren bei derselben anzustellen. Drei derselben sollten die Lehrstühle für die Theologie, drei für kirchliches und weltliches Recht, zwei für die Medicin und zwei bis drei für die humaniora bekleiden. So hatte der Herzog dem Papste seinen Plan entwickelt und der Letztere demgemäß sein Breve ausgefertigt. Wenn man diese Besetzung auch vielleicht nicht eine reichliche nennen kann, so hätte sie aber dem Bedürfnisse möglicherweise genügt. Der Mangel an Geldmitteln war wohl der Hauptgrund, daß bei der wirklichen Stiftung der Universität die Zahl der Professoren diese Höhe nicht erreichte und vorläufig auf die Hälfte beschränkt wurde. Schon im Jahre 1651 hatte man sich nach geeigneten tüchtigen Männern umgesehen, welchen man die zu besetzenden Lehrerstellen übertragen könnte. Unter diesen stand J. Clauberg im Vordergrunde, da er sich eines hohen Rufes erfreute. Er wurde auch der erste Rector der Universität. Clauberg war am 24. Februar 1621 in Solingen geboren, hatte seine Ausbildung in der Schule seines Ortes, dann aber an den Gymnasien zu Köln und Mörs,

2

schließlich aber an dem Athenäum in Bremen genossen, war darauf nach Groningen gegangen und hatte weite Reisen in Frankreich und England gemacht. In Herborn, wohin er im Jahre 1649 einen Ruf erhielt, soll er sich als Lehrer der Cartesiani'schen Philosophie ausgezeichnet haben. Nachdem er dann zeitweilig in Leyden gewirkt hatte, trug man ihm im Jahre 1651 die Professur der Theologie und Philosophie in Duisburg an, welche er übernahm. In dieser Stellung war er bis zur Gründung der Universität daselbst beschäftigt. Sein Gehalt, welches Anfangs 200 Thaler betragen hatte, dann auf 260 Thaler und 16 Thaler Wohnungszuschuß erhöht worden war, sollte aus den neuen Mitteln auf 350 Thaler gebracht werden. In der ersten Jahresrechnung der Universität, welche im Jahre 1655 aufgestellt worden ist und auf das Vorjahr zurückgreift, ist seine Besoldung folgendermaßen aufgeführt:

Rector magn:f. Clauberg auf Christfest . . 400 Fl.
vor Hausschuir zehn Reichsthaler . . . . 20 „
vor Holz sechs Thaler . . . . 12 „

Clauberg lehrte zuerst allein, dann mit Wittich zusammen Theologie und Philosophie. 1655 wurde er zum Doctor ernannt. Zwölf Schriften und Abhandlungen werden als von ihm verfaßt aufgeführt.

Von Christoph Wittichius fehlen wohl deshalb in den Bonner Schriftstücken eingehendere Mittheilungen, weil er bereits im März des Gründungsjahres einem Rufe nach Nymwegen folgte. In der Jahresrechnung ist angegeben:

Chr. Wittichius im März . . . 400 Fl. — St.
wegen Holz vier Thaler . . . . 8 „ — „
vor einen Monat . . . (unleserlich)
das Jahr 16 Thlr. 40 Stbr. . . 33 „ 10 „

An seine Stelle trat M. Hundius, geb. in Düsseldorf 1624. Er studirte an den Gymnasien zu Duisburg und Mörs, sowie an den Hochschulen in Bremen, Groningen und Leyden, wurde Pastor in Steinfurt und dann an der reformirten Kirche in Duisburg, erhielt die Doctorwürde 1655 und starb 1666. Mit Clauberg hatte er Frankreich und England besucht. Von ihm werden 3 Schriften angeführt. Sein Gehalt, am 12. Juli fällig, betrug 200 Reichsthaler.

Hermann Rhamacker aus Iserlohn hatte als Rechtsgelehrter und Professor in Herborn gewirkt, war am 2. Januar 1653 nach Duisburg berufen, wo er auch die Stelle eines Secretairs des academischen Senats außer seiner Professur bekleidete. Sein Gehalt ist angegeben:

Herm. Rhamacker auf Ostern fällig zweihundert Thaler . . . . 400 Fl.

J. Schulting wurde im Jahre 1655 als Professor der Beredtsamkeit und griechischen Literatur in Duisburg angestellt, ging jedoch nach einigen Monaten nach Nymwegen, wo er bald darauf in der Blüthe der Jahre starb. Sein Gehalt, auf Ostern fällig, ist zu 200 Thalern angegeben.

An seine Stelle trat Joh. Georg Græve, geboren 1632 in Naumburg. Er studirte in Schulpforta, Leipzig, Deventer, Leyden und Amsterdam und trat 1656 die Professur in Duisburg an. Er ging wieder nach Deventer, wo er 1711 starb. Græve zählte zu den verdienstvollsten Lehrern der Duisburger Hochschule; er hat neun Schriften verfaßt und außerdem sieben verbesserte Ausgaben alter Classiker besorgt.

Als Professor der Medicin war J. B. Daniels 1655 nach Duisburg berufen. Er war in Düsseldorf geboren, stammte aber aus einer Duisburger Familie, denn sein Großvater war ein geachteter Arzt daselbst. Er studirte auf den Gymnasien zu Duisburg und Mörs, besuchte dann die Universität in Harderwyk, wo er doctorirte. Daniels galt als ein händelssüchtiger Mann, der mit seinen Amtsgenossen in Unfrieden lebte. Im Jahre 1661 verließ er die Universität und wurde katholisch in Düsseldorf. Zwei Schriften werden von ihm angeführt. Sein Gehalt wird in zwei Beträgen, zu Ostern fällig, mit 100 und 50 Thalern angegeben.

Mit Rhamacker zugleich hatte Joh. Weyerstraß einen Ruf als Professor der Rechtsgelehrsamkeit nach Duisburg erhalten, derselbe war jedoch zur Zeit der Einweihung der Universität auf einer gelehrten Reise begriffen und trat seinen Posten erst im nächstfolgenden Jahre an. Wo er die Doctorwürde erhielt, ist nicht angegeben. Er starb 1676. Acht Schriften sind von ihm aufgeführt. Sein Gehalt betrug 200 Thaler.

Unter den ersten Professoren der Universität sind noch zu nennen:

Samuel ab Tiest, geboren 1631 in Harderwyk, Doctor der Theologie und Philosophie und Professor der orientalischen Sprachen. Am 20. October 1656 nach Duisburg berufen, scheint er seine Vorlesungen erst in dem folgenden Jahre begonnen zu haben. Von ihm werden vier Schriften aufgeführt, er starb 1694.

Wirich Scriba, Doctor und Professor der Medicin und Lehrer der hebräischen Sprache erhielt sein Patent unterm 5. September 1657.

Theodor Cranen, Doctor und Professor der Medicin und Philosophie, trat 1657 seine Stelle an und lehrte auch Mathematik, ging jedoch bald nach Nymwegen.

Johann Hermann Hugenpoth, geb. 1636 zu Mörs, zuerst Prediger in Ruhrort und Elberfeld, dann Nachfolger von Hundius, starb 1676.

Christoph Friedrich Crell, geb. 1625 in Berlin, wurde 1657 Rector des Duisbur er Gymnasiums und trat an Clauberg's Stelle. Es war auch in Duisburg, wie fast an allen deutschen Universitätsstädten, Sitte, daß mit der Directorstelle des Gymnasiums des Ortes auch die Berechtigung verbunden war, Vorlesungen an der Universität zu halten. Bald werden sie als Privatdocenten, bald als ordentliche oder außerordentliche Professoren aufgeführt. Crell starb 1700.

Peter Maestricht von Köln wird als tüchtiger Theologe und besonders frommer Mann gerühmt.

Im Ganzen genommen bietet die Reihe der Männer welche in dem ersten Jahrhundert der Universität an derselben gelehrt haben, außer Grave, keinen, dessen Ruf dauernd sich erhalten hat.

Die Fonds und geschäftlichen Verhältnisse der Universität.

Unter den in Bonn befindlichen Schriftstücken der Universität Duisburg giebt es ein solches aus dem Jahre 1652, welches folgende Ueberschrift hat: „Verzeichniß Ihro Kurfürstl. Durchlaucht unseres Allergnädigsten Herrn in Gnaden ertheilter Befelcher und Verordnungen." Dasselbe bezieht sich auf die Dotirung der Universität und ist wohl die erste Urkunde, welche über die Fondsverhältnisse im Allgemeinen handelt. In derselben heißt es:

„Krafft eines officiellen Original-Patents sind der Academie zu Duisburg gnädigst zuerkannt

1. alle im Drostenamt Dinßlaken erfallene Brüchte so viele deren ungeschlichtet sein und künfftig fallen sollen, die grobe in peinlichen Sachen außgeschlossen.

2. ein Dritteil des hohen Klosters zu Wesel Einkommen und Renten.

3. ein Dritteil der Subsidialgelder aus der Lizent zu Ruhrort per se zu empfangen bergestalt, daß bei negster Synodal Versammlung mit den Predigern eines Schluß sich zu vergleichen, daß die class zu Duisburg der übrigen subsidien sich begeben und alle übrige mit Begebung ihres Gerechtsams darin zustimmen und gehalten sollen.

4. der erste Professor Joann Clauberg solle zu Abschlag dessen Gehalt biß zur ferneren Verordnung haben Pipers vicarie.

5. der Kubergische Zehent des vor Duisburg gelegenen Lands so aus dem Busch der Kuberg bereitet werden und ferner werden mögen.

6. alle geistliche Güter und Renten, welche gekaufft und von fiskalischen Anwält mit Urtheil und Recht eingezogen werden sollen.

7. die Renten, so aus dem Schlüter und Rentmeisterreyen ahn Römisch katolische so lang es gefällig ausgezahlet werden, unter Anderen auch die zu Vriet (?) ad reservationem stehenden 40 goldgulden.

8. — 1275 Reichsthaler, so die Statt Duisburg vorgeschossen bei der ersten schatzung mit umzulegen und auf

gewisse Unterpfänder zu thun wie auch 600 Thlr., welche die
Clevisch-Märckische Landstände zu Abtilgung der alten Cammer
schulden eingewilligt von jahr zu jahr zu entrichten.

Schließlich sichere Persohnen zu Scholarchen und curatoren der hohen schul autorisiren, so die renten empfangen
dieselben jährlich gehörigen Orts berechnen. Auf der Professoren und schuldieners Leben und Lehr acht haben und mit
vorwissen des Statthalters und der Räthen dieselben berufen
und beställtigen."

Die erste Jahresrechnung der Universität liefert keinen
klaren Ueberblick über die festen Einnahmen derselben, sondern
läßt nur erkennen, daß diese zum größten Theile aus unsicheren
Einkünften bestanden. Es sind Früchten und Zollgelder,
Früchtengefälle und Einnahmen, die wahrscheinlich Pachtbeträge
bildeten, mit größeren oder kleineren Summen darin aufgeführt. Abgesondert von den einzelnen rechnungsmäßig
gebuchten Sätzen findet sich die Notiz: „Summe des Empfangs
des Augustinerklosters 2651 (fl) 28 St. 1. Zu bemerken ist,
daß die von dem Kurfürsten aus den Ersparnißgeldern an-
gewiesenen 1000 Thlr. noch nicht in der Rechnung erscheinen,
so daß es den Anschein gewinnt, als sei dieser Betrag zwar
bewilligt, aber noch nicht gezahlt worden. Auch die von den
Landständen, sowie die durch Einbehaltung des halbjährlichen
Gehaltes (im Ganzen 9445 Thlr.) in Aussicht gestellten
Summen werden nicht aufgeführt. In Bezug auf den letzteren
Betrag steht es fest, daß derselbe wegen Mangel an Geldmitteln zu des Kurfürsten Dienst und einer Reise zur Kaiser-
wahl nach Frankfurt vorläufig verwendet worden ist. So
unsicher war es von vornherein mit den Geldmitteln der
Universität bestellt und ist es leider immer geblieben. In
dem Mangel an sicheren Einkünften ist es aber begründet,
daß die Hochschule keinen gedeihlichen Fortgang hat nehmen
können. Es konnten die Ausgaben nur bestritten werden,
wenn die voraussichtlichen Einnahmen wirklich eingegangen
waren. Blieben sie aus oder flossen sie schwächer zu, als man
erwartet hatte, so stockte Alles. Bei dieser Lage der Sache
ist es vollständig unmöglich, eine klare Uebersicht der Cassen-
verhältnisse der Universität zu geben. Hierzu kommt noch,
daß Schuldner mit gezahlten Beträgen namentlich aufgeführt

werden, von denen man nicht ersehen kann, in welchem Verhältnisse sie zur Hochschule standen. Zwischen der Universität und der Stadtbehörde von Duisburg bestand unzweifelhaft eine besondere Abrechnung über die Vicariegefälle, über welche die Bonner Schriftstücke keine Auskunft geben. In der Universitätsrechnung wird das Ergebniß dieser Auseinandersetzung nur kurz, wie z. B. „A̱o̱ 1654 ist mehr Empfang, als Ausgabe von der Vicarie-Rechnung 237 fl. 23" aufgeführt. Interessant ist es aber jeden Falles, zu sehen, wie das Preßsystem, welches man in der damaligen Zeit bei jeder Gelegenheit, mochte es sich um Personen oder um Beschaffung von Geldmitteln handeln, anwandte, zur Ausführung gebracht wurde. Der Kurfürst hatte die Einkünfte der weltlichen Brüderschaften in den vereinigten sechs Lauben der Universität überwiesen. Abgesehen davon, daß dieselben in der Mitte des sechszehnten Jahrhunderts noch nicht 50 Dukaten betragen haben sollen, entstanden noch Weiterungen darüber, welche Vereine zu diesen Genossenschaften zu rechnen seien. So hatte die Universität noch im Jahre 1776 auf die, der Schützengesellschaft zu Büderich gehörenden, Wallgärten Beschlag gelegt, weil sie zur Besitznahme sich berechtigt glaubte. Die Regierung erklärte jedoch, diese Gesellschaft gehöre nicht zu den im Jahre 1654 aufgehobenen Brüderschaften und gab die Wallgärten wieder frei.

Die Bewilligung des Beitrags der Landstände und der kurfürstlichen Beamten, welche bei Gelegenheit der Stiftung und Einweihung der Universität erfolgte, erscheint, wenn man die näheren Umstände nicht kennt, als eine patriotische Handlung. Anders gestaltet sich jedoch die Auffassung, wenn man die folgende Verfügung, welche in einem kurfürstlichen Gnadenbriefe unterm $\frac{6}{16}$ April 1675 mitgetheilt wird, damit in Verbindung bringt.

Dieselbe lautet: „Alle Bediente, so von Sr. Kurfürstl. Durchlaucht salaryrt werden und nach Stiftung der Universität zu ihren Ambts gelangen, sollen ebensowohl ein halbjahr ihrer Besoldung beytragen, als diejenigen thun müssen, welche bei Styfftung der Universität in Diensten gewesen, gestallt beßfalls ahn die Cleve und Marcksche Regierung wie auch Ambts Cammer gnädigst anzubefehlen bieses ohnverlangend

zu Werk zu richten und die Geldern von allen Bedienten
beyzutreiben was hiesige Universität von denen beneficiis so
jure gratuita seint Canonicaten so in Sr. Churfürstl. Durchl.
fallen zu halten ꝛc. ꝛc."
Diese Mittheilung weiset also auf eine zwangsweise
Abgabe des halbjährigen Gehalts aller Beamten hin, die
Summe solcher fortdauernden Einnahmen mußte natürlich in
der Folge wechseln und richtete sich nach der Zahl der An-
stellungen. Die größeren Summen, welche der Universität zu-
geflossen waren, mit Ausschluß derjenigen Beträge, die von
vornherein zur Bestreitung der laufenden Ausgaben, wie z. B.
Professoren-Gehälter, dienen sollten und wozu unter Anderen
die jährlichen Ersparnißgelder von 1000 Thalern gehörten,
sind zinsweise angelegt worden. In jedem einzelnen Falle
mußte jedoch der Senat bei der Regierung um die Ermäch-
tigung hierzu einkommen. Im Ganzen genommen waren die
der Universität zugewandten Gelder nicht von Bedeutung,
meistens befand sich die Hochschule in solchen Nothständen,
daß die rückständigen Schulden dieselben verschlangen. Zu
den zinsbar ausgegebenen Capitalien gehörten unzweifelhaft
die von den Landständen bewilligten 9445 Thaler und ein
Betrag von 3900 Thalern Entschädigungsgeldern, in welchen
die in der vorerwähnten Cassenordre unter Nr. 8 aufgeführten
1275 Thaler einbegriffen sein müssen. Eine Verfügung vom
7. October 1661 bezieht sich auf die Einkünfte der Universität
und trifft Bestimmungen über die Verwendung der Summen.
Es heißt darin, daß der Academie 1800 Thaler aus dem
Wasserzoll und den Lizenten gezahlt werden sollten, ferner
wird angegeben: „von den 9445 Thlrn., so A⁰ 1655 den
4. Oktober von den Clevischen Stadthalter, sämbtlichen Räthen
und Bedienten verehrt, wie es damit zu halten," auch wird
ggbst concedirt, daß die Academie sowohl die Pfandschaft auf
die Kornmühle zu Altena oder andere versetzte Stücke bis auf
4000 Thlr. ablege. Also mußten, um den Vollgenuß der
Renten zu sichern, vorerst alte Schulden abgetragen werden.
Hierdurch wurden die Capitalien, welche der Universität
geschenkt waren, schon von vornherein gemindert. Man sieht
aber aus diesen Mittheilungen, wie verwickelt die Finanz-
verhältnisse der Universität waren.

Im Jahre 1657 hatten die Stände unterm 15. August nochmals die Summe von 1700 Thalern zugestanden, wofür eine Rente in Rees gekauft wurde. Auch im Jahre 1783 erhielt die Universität ferner eine in Kranenburg vacant gewordene Präbende von 2500 holländischen Gulden mit dem Auftrage zugewiesen, dieselben rentbar anzubringen. Geringere Summen wie z. B. 300 Thaler, welche im Jahre 1665 Meiderich zu zahlen hatte, finden sich ab und zu angegeben, diese Beträge sind aber wohl meistens zur Hebung des zeitweiligen Bedürfnisses verwandt worden. Anfangs, und zwar bis zum Beginne der siebenziger Jahre des siebenzehnten Jahrhunderts, ging es noch leidlich mit den Einnahmen der Universität, denn die Begeisterung für die Sache trug dazu bei, die Betheiligten zu bestimmen, Alles anzuwenden, um den Bestand der Hochschule nicht von vornherein zu gefährden. Die Stadt Duisburg beruft sich später selbst darauf, daß sie die Zahlung der den Professoren zugebilligten Gehälter durch Zuwendung von Geldmitteln, wozu die Vicarie-Einnahmen zu rechnen sind, ermöglicht habe. Mit dem Eintritt des damaligen französischen Krieges traten jedoch traurige Verhältnisse ein, Rückstände der Einnahmen waren an der Tagesordnung. Es erfolgten freilich häufig Rescripte, worin verfügt wurde, daß die rückständigen Gehälter gezahlt werden sollten, auch wurden zur augenblicklichen Hebung des Nothstandes zuweilen Gelder als außerordentliche Unterstützungen oder unter anderen Namen bewilligt, die schlechte Lage blieb jedoch chronisch. Im Jahre 1675 waren die Rückstände der Universität sogar bis über 10,000 Thaler angewachsen, und es wurde allen Ernstes vorgeschlagen, dieselben zu capitalisiren um dann die Forderungen der Professoren allmählich zu befriedigen, das Capital aber später der Universität zu überweisen. Zur Beschaffung desselben sollte dann auf die Rheinzölle zurückgegriffen werden. Bedenkt man hierbei, daß der Kurfürst und die Kurfürstin in erster Linie auf Bezüge aus diesen Einnahmen großen Anspruch machten, und der Erstere durch den Schwedenkrieg finanziell sehr reducirt war, so erscheint ein solcher Vorschlag vollständig unverständlich. Kurz vor seinem Tode am 15. März 1688 erließ dann der Kurfürst eine Verfügung, wodurch die financielle Lage der Universität wenigstens in so fern gebessert wurde, daß er die laufenden Zahlungen fest gegen einfache Quittung auf den Ruhrorter Zoll anwies. Durch diese Maßregel war wenigstens der völligen Stockung der wirthschaftlichen Verhältnisse der Universität vorgebeugt. Während des siebenjährigen Krieges hielt sich die Universität unter sonst schweren Bedrängnissen leidlich, aus dem Jahre 1763—64 ergab sich sogar laut Abrechnung ein Ueberschuß von 1575 Thalern. Die Einnahmen hatten sich seit der Zeit der Gründung kaum verdoppelt, an und für sich waren die laufenden Beträge der Einkünfte aber gering genug. Im Jahre 1766 beliefen sich dieselben auf 4502 Thaler, worunter die Zinsen von ausstehenden Capitalien ad 18,923 Thlr. mit 829 Thaler aufgeführt sind. Diese 18,923 Thaler kann man also als den Grundstock des Vermögens der Universität ansehen. Die Einnahmen und Ausgaben für das genannte Jahr balancirten mit der an und für sich unbedeutenden Summe von 4502 Thalern. In dem nächstfolgenden Jahre 1767—68 zeigte sich jedoch wieder ein Deficit von 867 fl. 23³⁄₄ Str., obgleich die Brüchtengelder aus dem Amte Dinslaken sehr reichlich mit 1780 fl. eingegangen waren.

Sehr schlimme und ihren Bestand bedrohende Zeiten hatte die Universität während der Revolutionskriege seit 1794 durchzumachen. Das linke Rheinufer, von wo dieselbe viele Einkünfte zu beziehen hatte, war in die Hände der Franzosen übergegangen, es konnten also von dort keine Renten u. s. w. bezogen werden. Im Jahre 1803 war in dieser Beziehung noch nichts zu Gunsten der Universität geschehen, denn unterm 30. September dieses Jahres sah sich der Senat durch die Noth gedrängt ein Gesuch um „Entschädigung für die verlorenen Activa jenseits des Rheines" in Berlin einzureichen. Diese Verluste wurden von der Regierung in Münster und der Kriegs-Domainenkammer in Wesel anerkannt, sie sahen sich jedoch, wie sie erklären, außer Stande vorläufig etwas zur Befriedigung der Universität zu thun. Als die letztere jedoch nicht nachließ diese Sache zu betreiben, wurde schließlich die Domainencasse in Wesel von Berlin angewiesen 3090 Thlr. und 210 Thlr. 3 Gr. in Dukaten aus den Zoll-Revenuen sofort zur Berichtigung der Gehälter an die Universität zu zahlen.

Dieselbe Noth zeigte sich im nächstfolgenden Jahre. Der Senat hatte um Besetzung der erledigten Lehrerstellen gebeten, wurde aber unterm 20. Septbr. 1804 abschläglich beschieden, jedoch verfügt, daß das Gehalt der fehlenden Professoren dazu benutzt werden solle die vorhandenen Professoren möglichst zu entschädigen und zu befriedigen. Laut Rescript vom 14. März 1805 wurde wieder bestimmt, daß der zeitige ganze Cassenbestand von 640 Thalern zu demselben Zwecke verwandt werden könne. Es erhielt dann jeder der vorhandenen Professoren 75 Thlr., der vorjährige juristische Decan 30 Thlr. und der Gärtner 10 Thlr. Es ist eine fast spaßhafte Erscheinung, daß jedesmal, wenn die Casse irgend eine namhafte Summe enthielt, der Antrag auf Vertheilung gemacht wurde, es zeigt aber recht die traurige und, wie es scheint, unselbstständige Lage der Universität.

Als das Großherzogthum Berg unter Murat gegründet wurde, erschien der Bestand der Universität sehr gefährdet. Unterm 21. September 1806 erklärte die Regierung zwar: die gewöhnlichen Vorlesungen könnten in Duisburg fortgesetzt werden, anstatt jedoch die erforderlichen Geldmittel anzuweisen, dachte man nach damaligen französischen Grundsätzen eher daran die vorhandenen Fonds einzuziehen. Im Jahre 1808 trieb der bergische Finanzminister Beugnot die Willkür sogar so weit, daß er den Haupteinnahmeposten von 1200 Ducaten Rente mit Beschlag belegte und so den Bestand der Universität fast unmöglich machte. Kleinere Zuwendungen wie z. B. 300 Ducaten im Jahre 1807 konnten den Ruin nicht aufhalten. Mit einem gewissen Scheine von Menschlichkeit traf man Anstalten die Lage der Professoren in ihren späteren Lebenstagen sicher zu stellen, dieselben hatten aber eine fast höhnische Rückseite. Die Professoren mußten betteln um ihr Gehalt, die eingereichten Gesuche aber wanderten zwischen dem Finanzminister und Minister des Innern herum, weil Keiner etwas anzuweisen hatte, dennoch wurde verfügt, daß jeder Beamte, wozu auch die Professoren gerechnet wurden, zwei Procent des Gehalts zur Bildung einer Pensionscasse abgeben solle.

Ueber die letzten Jahre des Bestandes der Univerütät findet sich Näheres am Ende dieser Abhandlung, wo von der Aufhebung derselben gesprochen wird.

In Bezug auf die geschäftliche Leitung der Universität war in dem Gründungspatente ausgesprochen worden, daß zwei Regierungsräthe und zwar einer aus dem ritterbürtigen, der andere aus bürgerlichem Stande neben dem Schultheiß von Duisburg Curatoren der Hochschule sein sollten. Meistens galt als solcher ein zeitweiliger Minister in Berlin und ein Mitglied der Cleve'schen Regierung, der Schultheiß kam wenig in Betracht. Diese vielköpfige Einrichtung brachte wenig Segen, war die Ursache sich widersprechender Verfügungen und rief selbst Zwistigkeiten hervor. Vor Allem wollten die Professoren dem Schultheiß keine Machtbefugniß einräumen. Schon in der ersten Zeit des Bestehens der Universität erhoben sich Zwistigkeiten zwischen dem Magistrat und der Hochschule, indem Ersterer stets den Versuch machte in die Befugnisse der Hochschule einzugreifen. Eine förmliche Bestallung des Schultheiß als Curator scheint deshalb auch bis zum Jahre 1725 unterblieben zu sein. Der damalige Verwalter dieses Amts, Namens Türck, brachte diese Angelegenheit jedoch zur Sprache. Hierdurch fühlte sich der academische Senat veranlaßt unterm 8. Februar desselben Jahres eine Protestschrift einzureichen. Er spricht darin seine Ansicht dahin aus, daß die Universität die Anstellung des Schultheiß als Mit-Curator für unnöthig halte, „da bereits ein Minister in Berlin und ein solcher in Cleve als solche beständen, unter denen Alles in Ordnung betrieben werde." Es sei despectirlich, wenn die Professoren und der Rector unter dem Magistrate ständen, was auch bei keiner anderen Universität Deutschlands, namentlich nicht bei den drei preußischen Universitäten gebräuchlich sei, wo ein der königlichen Person nahe stehender Minister dieses Amt bekleibe. — Merkwürdiger Weise werden in einem Schriftstücke aus der damaligen Zeit aber sogar drei auswärtige Curatoren aufgeführt. Der Schultheiß Türk drang mit seiner Eingabe durch und wurde durch Cabinetsordre vom 2. December 1727 wirklich als solcher angestellt. Dieser Posten war jedoch für ihn und seine Nachfolger (den zeitigen magistratus civicus) mehr eine Ehrenstelle ohne Bedeutung. Die beiden anderen Curatoren leiteten aber die geschäftlichen Verhältnisse und hielten alljährlich die angeordnete Visitation ab, welche sie kurz vor dem Anfang der Sommerferien in eigener Person zu besorgen hatten.

Außer diesen beiden Aufsichtsbeamten finden wir durch Gnaden-Verfügung vom $\frac{6}{16}$ April 1675 noch angeordnet, daß Sr. Kurprinzliche Durchlaucht zum Rector magnificentissimus der Universität ernannt worden ist. Von besonderem Vortheile ist diese Bestallung für die Hochschule nicht gewesen. In Bezug auf die Geschäfts- sowie Rangordnung bei der Universität war vor der Inauguration folgende Verfügung getroffen worden:

„1. was keine regierende Graven seint, selbige sollen unter dem Magnifico gehen, übrige Professores können den Reichsgraven weichen.

2. der Schultheiß behört unter dem Magnifico zu gehen, es were denn, daß er ex speciali commissione Sr. Durchl. Persohn repräsentirt.

3. vor dem Burgemeister und Rath gehören die Professores zu gehen.

4. die Professores haben neben dem rectore die nomination, die curatores darauf die Wahl, der Rector mit den curatores des Orts und den Professores die Einübrung.

5. die curatores des Orts können nach dem Magnifico ihre Stellen haben und den Professoribus und Burgemeisteren vorgehen.

6. wegen vorgeschlagenen ferneren Geldmitteln solle noch Befelch ertheilt werden.

7. der Rentmeister solle in Ayd, Sr. Churfürstl. Durchl. dem Rectori und hoher Schule treu und hold zu seyn genommen werden.

8. die Rechnung solle vor dem Magnifico, den curatoribus oder deren Deputatis abgelegt werden.

9. Rector und collegium Professorum sollen dem Rentmeister, die Renten beizutreiben und den Professoribus und Præceptoribus zu bezahlen, zu befehlen haben."

Die Academie oder das sogenannte Universitätsgebäude an der Beekstraße war ein früheres Nonnenkloster von der dritten Regel des h. Franciscus und der h. Catharine. Es wurde gewöhnlich das Catharinenkloster genannt. Einige reiche Bürger der Stadt hatten dasselbe gestiftet. Wie berichtet wird hatte das etwas freie klösterliche Leben darin zu Bedenken

Veranlassung gegeben, in Folge dessen die Aufhebung verfügt wurde. Als die Gründung der Universität erfolgte, überwies die Regierung diese Baulichkeiten der Hochschule. Ueber dem Haupt-Eingangsthore brachte man im Jahre 1667 eine Ueberschrift an, welche wegen ihrer Unverständlichkeit oft zu spöttischen Bemerkungen Veranlassung gegeben hat. Dieselbe lautete: Academia Duisburgensis Natura multos fecit judices, paucos artifices. Anno Christi 1667. Die Kirche wurde zu einem Hörsaale umgeschaffen, welcher zum Unterschiede von einem kleineren, in einer auf dem damaligen Kirchhofe stehenden Capelle ausgebauten Auditorium der große genannt wurde. Die Räumlichkeiten genügten für den Bedarf und waren bequem eingerichtet. Hinter dem Hörsaale befand sich das Zimmer, in welchem sich der academische Senat versammelte. Mit diesem Raume standen die Bibliothekzimmer in Verbindung. Nahe bei dem Universitätsgebäude war der botanische Garten angelegt, welcher besonders unter der Leitung des Professors Leidenfrost sehr gut im Stande gewesen sein soll. In der Bibliothek, welche nicht sehr reichhaltig war, befanden sich mehrere sehr werthvolle Pergamentschriften, worunter Werke von Augustinus, Cicero, Lactantius und Justinus hervor zu heben sind. Diese haben durch Arbeiten des tüchtigen Philologen Gräve allgemeine Würdigung gefunden. Der erste Katalog der Bibliothek ist im Jahre 1685 vom Professor Gerhard Maftricht angefertigt worden.

Das der Universität ebenfalls gehörende große und kleine dritte Ordenshaus wurde oft einzelnen Professoren zur Wohnung überlassen.

Das auf dem Kirchhofe zur St. Salvatorskirche stehende Gymnasialgebäude ist 1512 gebaut worden und diente zuerst zur Unterbringung der damaligen lateinischen Schule.

Eine Sternwarte besaß die Universität nicht. Um diesem Mangel abzuhelfen, wurde auf Antrieb des Professors Möschenbröck auf dem Thurme der St. Salvatorskirche am 11. Mai 1720 ein observatorium astronomicum auf academische Kosten angelegt. Dasselbe war und blieb ein Nothbehelf, da weder tüchtige Lehrer, noch die Mittel vorhanden waren um die erforderlichen Instrumente zu beschaffen.

Die Feierlichkeiten bei Einweihung der Universität.

Die im Namen des Kurfürsten von Brandenburg erlassene Einladung zur Einweihungsfeier der Universität ging von dem Stadthalter, Fürsten J. Moritz von Nassau, aus. Dieselbe lautet: „Von Gottes Gnaden, Wir Friederich Wilhelm, Markgraf von Brandenburg u. s. w.

Thun hiemit kund und zu wissen, was maßen Wir jederzeit vor nützlich und nöthig erachtet, auch sehr begierig gewesen zur Ehre Gottes des Allerhöchsten, zu Ausbreitung der wahren Christlichen Evangelischen Religion, zu Fortpflanzung und Erhaltung aller guter und heylsamer freyen Künsten und Wissenschafften, zuforderst in den vier Hauptfacultatibus, Theologica, Juridica, Medica und Philosophica, wie nicht weniger in den Sprachen, in den Historien und anderen löblichen Exercitiis liberalibus, eine sonderbare und eigen Universität und Hohe Schule in diesen Unseren Clevisch-Gülich-Bergischen und angehörigen Landen zu stifften, zu begaben und anzurichten; Gestalt dann zu einem solchen Ende Unsere geehrte Vorfahren, die vorige Landes-Fürsten erwehneter Unserer hiesigen Lande, allbereit vorlängst stattliche Kayserliche Privilegia zu Aufrichtung einer solchen Hohe-Schule ausgebracht, krafft deren dieselbe aller derjenigen Privilegien, Authoritäten, Prerogativen, Freyheiten und Gerechtigkeiten, womit die aller vornehmste Universitäten in gantz Europa begabt seynd, habhafft seyn und genießen solle;

Nachdem nun angeregte Unsere löbliche Vorfahren und Wir selbst durch die weltkündige so lange gewehrte schwere Kriege an diesem guten Vorhaben eine sehr geraume Zeit von Jahren mercklich gehindert gewesen; Und aber die Zeiten sich, Gott Lob! nunmehr etwas gelinder und sannfter anlassen, haben Wir, ungeachtet der noch übrig gebliebenen und bisweilen wieder hervorbrechenden ungestümen Winde der Waffen dennoch nicht länger zurück halten, sondern den gefaßten heylsamen Vorsatz endlich durchbringen und zu Werck richten wollen: wie Wir dann auch in der That selbst eine solche Universität und Hohe-Schule in Unserer Stadt Duisburg, in

Unserm Herzogthum Cleve gelegen, in Betracht des Orts zu einem solchen Werck innerlichen und äußerlichen ziemlich guten Bequemlichkeiten, aufgerichtet, dieselbe mit allen hierzu nöthigen Unsern Privilegiis, auf den Fuß und nach Inhalt obangezogener Kayserl. Privilegien, ingleichen mit guten und tüchtigen Professoribus in gemeldten Facultäten und andern auf Universitäten gewöhnlichen und ersprießlichen Professionibus und Studiis versehen und versorgt haben, auch noch ferner nach erheischenden Gelegenheiten gnädigst versehen und versorgen werden. Und dieweil Wir Vorhabens seynd die von Uns also angerichtete und gestifftete Universitatem, Academiam und Hohe-Schule, üblichem Gebrauch nach, mit gewöhnlicher und hergebrachter Inauguration und allen dazu gehörigen Solemnitäten, vornemblich mit dem Gottes-Dienst demnächst mit gewöhnlichen Orationen auch würklichen Promotionen zu den gradibus in den facultäten auf den $\frac{4}{14}$ Tag des Monaths October schiers künftig einführen, einleiten und bestätigen zu laßen;

So haben Wir nicht umbgehen wollen solches alles hiemit zu jedermanns, welcher Religion (die nur im H. Röm. Reich zugelaßen ist) er auch seyn mag, Wißenschafft zu bringen; Auf daß Manniglich, wer Lust und Liebe darzu trägt, er sich auf jetzt benannten Tag in Unserer Stadt Duisburg einstellen, berührter Einführung und Inauguration und den dazu gehörigen solemnitatibus beywohnen; Auch ferner, nach eines jeden Gelegenheit und Zuneigung, mit Verbleibung und Anstellung seiner Studiorum daselbst sich dieser Unserer einem jeden, er sei In- oder Ausländisch, zum Besten beschehenen Stifftungen gebrauchen und fruchtbarlichen Genuß empfinden möge.

Geben Cleve am $\frac{16}{6}$ Augusti 1655.

An statt und von wegen höchstg.

Ihro Churfürstl. Durchl.

J. Moritz, Fürst von Nassau,
Vt. Johann von Diest v. c.
J. G. Kuchenbecher S.

Dieses Schreiben ist, wie angegeben wird, nach allen Gegenden Europas versandt worden, und Fürst Moritz hatte

Alles aufgeboten um die Feier so glänzend, wie möglich herzurichten. Im letzten Augenblicke schien jedoch plötzlich sich ein Hinderniß der Abhaltung des Festes entgegen zu stellen. Wichtige Ereignisse erforderten die Anwesenheit des Fürsten in Belgien, somit wurde es sehr zweifelhaft, ob er rechtzeitig genug wieder eintreffen könne um die Stellvertretung des Kurfürsten bei der Einweihungsfeier der Universität, welche unerläßlich war, zu übernehmen. Es gelang ihm jedoch, die Hemmnisse zu beseitigen, und so traf er dann Tages vorher, am 13. October, auf dem Rheine ein. In seiner Begleitung waren die Spitzen der Cleve'schen Regierung, vor Allem aber die beiden neu ernannten Curatoren der Universität, Wirich von Bernsau, Erbherr in Bellinghofen und Rünen und Johann von Diest, Director und Vicekanzler der Landesregierung, welche sich um die Gründung der Universität besonders verdient gemacht hatten.

Von Seiten der Universität und des Stadtrathes hatte sich ein stattliches Gefolge vereinigt um die hohen Herren am Rheine zu begrüßen und sie zur Stadt zu geleiten. Auch die Bürgerschaft betheiligte sich bei dieser feierlichen Einholung. In Festkleidern und prächtigem Waffenschmucke stellten sie sich am Landungsplatze auf. Viele Kutschen und Pferde wurden den Gästen zur Verfügung gestellt, ein Musikcorps war aufgeboten worden um den Zug zu verherrlichen. Aus der Nachbarschaft hatten sich viele angesehene Personen eingefunden, eine unübersehbare Menschenmenge schloß sich dem Festzuge an. Die Wege und Straßen, auf welchen sich derselbe bewegte, waren festlich geschmückt. Nachdem die Begrüßungsfeierlichkeiten am Rheine beendet waren, begaben sich die hohen Herren mit ihrem Geleite zum Prinzenhofe. Dort fand die besondere Bewillkommnung von Seiten der Universität Statt. Die Anrede hielt der damit beauftragte Professor der Beredtsamkeit und Geschichte, Schulting, welche im Namen der Regierung der Vicekanzler und Director von Diest beantwortete. Hierauf trat der zum ersten Rector magnificus ernannte Professor Clauberg mit den übrigen Professoren vor und leisteten dem Statthalter den üblichen Handschlag. Drei von der Studentenschaft beauftragte Abgeordnete aus ihrer Mitte stellten sich ebenfalls vor, und einer derselben begrüßte die

Herren in einer wohlgesetzten Rede. Zu diesem feierlichen Acte
läuteten die Glocken der Stadt und wurden Kanonen gelöst.
Der folgende Tag, der 14. October 1655, war für die
eigentliche Festfeier bestimmt, die schon früh am Morgen ihren
Anfang nahm. Im Prinzenhofe versammelten sich die Theil=
nehmer und begaben sich darauf im prächtigen Zuge von dort
nach der großen Kirche. Derselbe war folgender Maßen geordnet: Voran schritt ein Musikcorps von Hautboisten und
anderen Spielern, darauf folgten nach ihren Classen vertheilt
die Schüler des Gymnasiums mit ihren Lehrern. Ihnen
schlossen sich die Bedienten sämmtlicher hohen anwesenden
Herren in einem großen Trupp an. Eine Abtheilung Soldaten
mit klingendem Spiele schritt ihnen nach. In prächtigen
Uniformen zeigten sich dann die vornehmsten und fremden Gäste.
Sechs junge Cavalliers, welche dazu besonders auserlesen
waren, trugen die academischen Insignien auf sammetnen
Kissen und zwar Friederich Wimar von Heyden die Matrikel
und das Protocollbuch, Theodor von Reck die Siegel der
Universität und der vier Facultäten, Theodor Stephan von
Neuhoff die Schlüssel des Universitätshofes und der Senats=
stube, Reinold von Coeverden die zwei silbernen vergoldeten
Scepter, Ernst von Itterfum die Urkunden über die Freiheiten
und Gesetze, C. Christian Vogt von Elspe die kaiserlichen,
kurfürstlichen und päpstlichen Stiftungsbriefe. Hierauf kam
der glänzendste Theil des Zuges, der Statthalter Prinz Moritz
von Nassau mit dem Grafen und Herrn von Falkenstein und
Broich nebst dessen Sohne, die freiherrlichen Abgesandten der
Landesstände, die Mitglieder der Landesregierung und des
Justiz=Collegiums. Dieselben hatten sich so geordnet, daß
jedesmal zwei der Räthe einen der neu ernannten Professoren
in ihrer Mitte führten. So geleitete der älteste Regierungs=
rath Wittich von Bernsau und der Justiz=Kammer=Präsident
Wilhelm von Hoeven den Rector Professor Clauberg. Der
Professor der Theologie Martinus Hundius schritt in der
Mitte zwischen dem Regierungsdirector Johann von Diest
und dem Justizdirector Hermann von Pabst. Zwei Doctoren
der Rechte und Regierungsräthe Johann Steenbergen und
Adam Isinck führten den Professor und Decan der juristischen
Facultät Hermann Rhamacker. Der zweite Professor der

Rechtsgelehrsamkeit, Johann Weyerstraß, war noch nicht eingetroffen. Bernhard Daniels, Doctor und Professor der Medicin, ging zwischen dem Regierungs- und Kammerrath Hermann von Elverich, genannt Haas, und dem Justizrath und Dr. u. j. Mathias Roemswinckel, so wie Johann Schulting, Professor der Beredtsamkeit und Geschichte, in Mitten der Drr. jur. und Justizräthe Hermann Ernst und Lambert Lamberti. Als Vertreter der städtischen Behörden hatten sich der kurfürstliche Schultheiß von Duisburg Dr. j. Johann Theodor Münz und der Burgemeister Johann von Raab angeschlossen, sie hatten die Ehrenleitung des Nymwegener Professors der Theologie Christoph Wittich übernommen, welcher bei dieser Gelegenheit zum Dr. theologiæ ernannt werden sollte. Die Stadt Cleve so wie viele andere Städte und Kirchen der Nachbarschaft hatten Abgeordnete gesandt, die Präsidenten der Synoden, viele fürstliche Räthe, Doctoren, Prediger, Richter, Rectoren und Conrectoren aus Cleve, Duisburg, Wesel und Mörs hatten sich eingefunden um den Zug zu verherrlichen. Die ganze Schaar der Studenten und eine große Menge Volkes schlossen sich demselben an, oder schauten ihm zu. An beiden Seiten der Straße, durch welche die Festgenossen ihren Weg nahmen, hatte sich die Bürgerschaft in langer Reihe aufgestellt und hielt Ordnung. Alle Glocken der Stadt läuteten, während der Zug sich feierlich nach der großen Kirche begab.

Dort wurde zuerst der 92. Psalm (Lied auf den Sabbathtag: Das ist ein köstliches Ding dem Herrn danken und lobsingen deinem Namen u. s. w.) gesungen, worauf der Prof. der Theologie Martinus Hundius die Kanzel bestieg und über die Worte aus dem Prediger Salomon Cap. 12, V. 9, 10: „Derselbe Prediger war nicht allein weise, sondern lehret auch das Volk gute Lehre und merket und forschet und stellet viele Sprüche" eine sehr erbauliche Anrede hielt. In derselben schilderte er das Amt und die Tugenden guter und nützlicher Lehrer und schloß dieselbe mit einem Gebete für den Stifter, die Universität und das Vaterland.

Man hatte aus dem großen Auditorium den academischen Katheder ebenfalls in die Kirche gebracht, da es vielleicht nicht schicklich befunden wurde, daß nicht geistliche Herren von der Kanzel zu den Festtheilnehmern redeten. Als die Predigt beendigt war, das Musikcorps ein Stück gespielt hatte, und demnächst noch ein Psalm gesungen worden war, bestieg der Vicekanzler von Diest die Rebebühne und sprach sich in einer kurzen lateinischen Rede über den Zweck der Feier aus. Hierauf forderte er den Cleve'schen Regierungs-Archivar Dr. u. j. Adolf Wusthausen auf, die Kaiserlichen, Kurfürstlichen und Päpstlichen Freiheitsbriefe, so wie die Vorrechte und Gesetze der neuen Universität öffentlich zu verlesen. Nachdem dann der Vicekanzler die Kleinobien der Universität feierlich den Professoren übergeben hatte, nahm er den Letzteren öffentlich den Eid ab und wünschte der neuen Stiftung schließlich ein recht segensvolles Gedeihen. Von den neu ernannten Professoren besaß noch keiner den Doctortitel, die Anwesenheit eines Graduirten war zu den Promovirungen jedoch unerläßlich. Der Vicekanzler hatte deshalb seinen Bruder Heinrich von Diest, Dr. und Professor in Deventer, kommen lassen um diesen Ehrenposten zu versehen. Derselbe betrat nun die Rednerbühne, sprach einige lateinische Worte über den vorzunehmenden Act und erklärte die beiden Duisburger Professoren Clauberg und Hundius sowie den Nymweger Wittich zu Doctoren der Gottesgelehrtheit. Die herkömmliche Ueberreichung des geschlossenen und geöffneten Buches, die Belehnung mit Ring und Hut wurden in feierlicher Weise vorgenommen, anstatt des üblichen Kusses reichte von Diest seinen neuen Ranggenossen jedoch nur die Hand. Nach dem Schluß der Feier begab sich dann der ganze Festzug in derselben Ordnung, wie vorher nach dem Prinzenhofe, welcher einer Wittwe von Reede gehörte, zurück. Zu Mittag waren alle Theilnehmer der Feier bei einem großen Festessen vereinigt.

Am nächsten Tage, den 15. October, fand die feierliche Einführung des ersten Rector magnificus statt, welche im großen Auditorium der Universität unter der Leitung des Vicekanzlers von Diest vor sich ging. Derselbe hielt wieder eine lateinische Anrede und berief dann den Professor und Rector Clauberg zu sich, machte ihn auf seine Pflichten aufmerksam und übertrug ihm die academische Rechtspflege und Gewalt. Clauberg dankte für die ihm zuertheilte Ehre und hielt noch eine Ansprache an die Studenten, worauf wieder Doctor-Promotionen vorgenommen wurden.

In der juristischen Facultät erhielten an diesem Tage Jacob Samuel Reinigl aus Frankenthal und Peter Cueisen aus Zwolle in den Niederlanden, in der medicinischen Cornelius Anton le Brun aus Nürnberg, Gerhard Mutß aus Arnheim und Johann Barbeck aus der freien Reichsstadt Essen, in der philosophischen Johann Hermann Hugenpoth aus Moers den Doctorhut. Peter Queisen hatte es übernommen im Namen seiner neuen Ranggenossen für die erhaltene Ehre und Würde zu danken.

Hiermit wurde die ganze Einweihungsfeierlichkeit geschlossen.

Die Stellung der Universität zu den städtischen Trivialschulen.

Da in Duisburg, wie es bei vielen Universitäten der Fall ist, eine allmähliche Entwickelung der Hochschule aus den im Orte befindlichen lateinischen Classen stattgefunden hat, so wurde auch dort eine Zusammengehörigkeit des ganzen Unterrichtswesens als selbstverständlich betrachtet. Am 26. Mai 1506 hatte die städtische Schule durch Kaiser Maximilian I. acabemische Privilegien erhalten, die an derselben wirkenden Lehrer sollten, als ein halbes Jahrhundert später der erste Plan zur Gründung einer Universität in's Auge gefaßt wurde, Lehrstühle an derselben übernehmen. Die bisher für das Unterrichtswesen verwendeten Fonds mußten also theilweise auf die Hochschule übergehen. Es ist zwar aus den vorhandenen Schriftstücken nicht ersichtlich ob die späteren Professoren der Universität auch zugleich, wie wir es an anderen Orten nachweisen können, Stunden auf dem selbstständig gewordenen Gymnasium gegeben haben, ein gewisses Aufsichtsrecht hat der academische Senat über die niederen Schulen aber in den ersten Jahren nach der Gründung der Universität unbedingt beansprucht. Dieses lag gewisser Maßen auch schon in der Controle über die Prüfungen begründet. Die städtische Behörde hat für die Hebung des Schulwesens viel gethan, sie konnte sich sogar in einem Schreiben vom 25. Februar 1666 an den Kurfürsten rühmen, daß sie 1634 an 12 000 Thaler,

eine für die damalige Zeit sehr hohe Summe, an die Trivial=
schule gewendet habe.

In einer Verfügung vom 22. October 1656, also ein
Jahr nach Gründung der Universität, forderte der Rector
magnificus die beiden Professoren Clauberg und Gräbius auf,
die Schulen wöchentlich zu besuchen und „Acht zu haben wie
es darin zugehe und was mangle". Dieses geschah, und es
wurde über jeden Besuch, den die jährlich wechselnden Pro=
fessoren den Schulen abstatteten, ein kurzes Protocoll aufge=
nommen, die Letzteren befinden sich noch in den Acten. Die
Stadt hatte gegen dieses Verfahren Anfangs nichts einzuwen=
den, bald aber erhoben sich Streitigkeiten zwischen der
Universität und dem Magistrat, wobei es sich hauptsächlich
um die Kosten handelte. Die Jurisdiction über die Trivial=
schulen und die Verwaltung der Vicarien, womit eine Einkunft
von 300 Clevischen Thalern verbunden war, hatte früher die
Regierung dem Magistrat übertragen, der Bezug dieses Geldes
bildete den Kernpunct der Streitfrage, die jedoch nicht klar
zu erkennen ist. Im Jahre 1657 wurde das Beaufsichtigungs=
recht über die Schulen durch die Curatoren von Diest und
Hulchenbruch wieder der Universität übertragen.

Dieser Streit wurde bis in die höchsten Instanzen von
beiden Seiten betrieben, schließlich fand jedoch unterm 28.
April 1659 eine Vereinbarung zwischen der Universität und
dem Magistrat statt. Der Letztere bot nach Uebereinkunft
mit den Gemeinde-Deputirten aus Stadtmitteln die Summe
von 300 Reichsthalern an, welche den Einkünften aus der
Vicarienverwaltung gleich kam, verlangte dagegen aber, daß das
Trivialschulwesen und die Verwaltung der Vicarien allein der
Stadt überlassen werden sollten. Diese Vereinbarung geneh=
migte der Kurfürst durch Rescript vom 26. Juli 1663, wo=
durch die Selbstständigkeit der beiden Anstalten also endgültig
vollzogen wurde. Jedoch konnte sich die Universität schwer in
diese Lage finden und benutzte gern die Gelegenheit ein Wort
in den Gymnasial-Angelegenheiten mit zu reden. Am 2. März
1666 sprach die Cleve'sche Regierung der Universität auch das
Beaufsichtigungsrecht vollständig ab, wodurch die Professoren
sich veranlaßt sahen ein protestirendes Gutachten einzureichen.
Sie betrachteten unter Anderem es auch als eine unbestrittene

Befugniß einen Rector des Gymnasiums anzustellen. Wenn diese Stelle erledigt war, so schrieb der acabemische Senat nach fremden Orten, um einen tüchtigen Mann für dieselbe ausfindig zu machen. Namentlich war dies im Jahre 1657 geschehen.

Ein Abschluß dieser Angelegenheit findet sich nicht in den Acten. Der Umstand, daß keine weiteren Schriftstücke vorliegen, welche diesen streitigen Punct berühren, berechtigt gewisser Maßen zu der Annahme, daß der Magistrat sich das Aufsichtsrecht über die niederen Schulen zu wahren gewußt hat.

Das Matrikelbuch und die Studenten.

Das ehrwürdige Matrikelbuch der Universität in Duisburg, welches in der Handschriftensammlung der Bonner Hochschule aufbewahrt wird, hat für den ganzen Zeitraum ihres Bestehens ausgereicht. Es ist ein in Leder eingebundener Foliant von dreihundert Blättern, auf welchen die Namen der Studenten entweder von ihnen selbst oder von dem Secretair eingetragen sind. Auf der ersten Seite findet sich die lateinische Eidesformel, welche die zu Immatriculirenden unter Handschlag auszusprechen hatten. Dieselbe lautet in der Uebersetzung wie folgt: „Ich Unterzeichneter verspreche dem durchlauchtigsten Kurfürsten von Brandenburg und der ruhmvollen (inclutae) Teutoburgischen Universität Treue, dem Rector Gehorsam, den Professoren Hochachtung, den Bürgern Höflichkeit, und endlich ein den acabemischen Gesetzen angemessenes Leben durch Handschlag und diese meine Unterschrift." Der Ausdruck: „Electori Brandenburgico" ist durchstrichen, anstatt dessen ist darüber geschrieben: „ac potentissimo Borussorum regi". Die erste Eintragung lautet in der Uebersetzung: „Am 8. Januar 1652 haben folgende sechs Studirende der Philosophie zuerst ihre Namen in dieses Buch eingetragen:

1. Johannes Andreae aus Bremen,
2. Ludolf Engelbert Ingenhaesen aus Dinslaken,
3. Peter Scheuermann aus Barmen,
4. Tobias Andreae aus Bremen,

5. Johannes Kruthoff aus Moers,
6. Johannes Hermann Hugenpoth aus Moers."

Als der Letzte hat Johann Wilhelm Hüffen aus Orsoy, Studiosus der Pharmacie, am 6. Juli 1818 seinen Namen in das Album eingetragen.

Besonders in der ersten Zeit sind viele Studenten, welche aus Bremen gebürtig waren, verzeichnet, auch eine große Menge Holländer findet sich vor, die bedeutendste Zahl lieferte aber das Rheinland und die Grafschaft Mark.

Auf dem zweiten Blatte sind die von den Studenten zu befolgenden Gesetze in fünfzehn Paragraphen aufgeführt. Dieselben sind sehr harmloser Natur und haben folgenden Inhalt:

1. Wie die Furcht des Herrn der Anfang der Weisheit ist, so soll sie auch das erste Gesetz für die Studirenden sein.

2. Alle neu angekommene Studenten haben sich binnen acht Tagen dem Rector vorzustellen und ihre Namen in das Album einzuschreiben, versprechen Gehorsam den Gesetzen und haben Letztere zu befolgen. Wer sich binnen dieser Frist nicht gestellt hat, wird durch den Pedell dazu aufgefordert; leistet er dann keine Folge, so wird er aus der Stadt gewiesen.

3. Die in die Zahl der Studenten Aufgenommenen sollen die öffentlichen Vorlesungen fleißig besuchen und die privaten Exercitien fleißig ausarbeiten, den Müßiggang als das Ruhekissen des Satans (pulvinar Sathani) fliehen und sich der Völlerei enthalten.

4. Die Studenten sollen die Neuangekommenen nicht belästigen, keine Schmauserei (Satz) von ihnen verlangen, auch dürfen die Novizen nicht aus freien Stücken solche geben.

5. Ohne Erlaubniß der Professoren dürfen sie keine Versammlungen und Verbindungen halten.

6. Sollen sich zu Hause und auf der Straße anständig betragen, keine Aufläufe veranlassen, kein Feuer mit den Degen aus den Steinen schlagen, die Wächter nicht beunruhigen u. s. w. Wer sich derartiges zu Schulden kommen läßt, wird dem Rector vorgeführt und nach Art und Höhe des Vergehens bestraft.

7. Die Strafen sind entweder Geld- und Carcerstrafen, oder bestehen in Relegation. Dieselben sind einfacher Natur oder mit Schande verbunden.

8. Streitigkeiten, Duelle u. s. w. sind verboten.

9. Der Forderer wird relegirt, der Geforderte erhält achttägige Carcerstrafe.

10. Wenn der Geforderte sich nicht stellt, aber die Sache dem Rector anzeigt, so bleibt er straffrei, der Forderer hat eine viertägige Carcerstrafe abzubüßen.

11. Der Relegirte hat binnen der ihm gesetzten Frist die Stadt zu verlassen, anderenfalls wird er der städtischen Behörde überwiesen.

12. Wer zum Rector oder einem Professor berufen wird, soll ohne Waffen hingehen.

13. Wer aus dem Carcer ausbricht, wird mit Schande relegirt und der Polizei überwiesen.

Die beiden letzten Paragraphen betreffen Gebühren, welche die Studirenden (dem Pedell ¼ Thlr. u. s. w.) zu zahlen hatten.

Es gibt noch ein anderes Verzeichniß der academischen Gesetze, welches gedruckt worden ist und aus späterer Zeit stammt. Nach dieser neueren Aufstellung war für die Anmeldezeit eine Frist von drei Tagen festgesetzt. Die Armen waren von der Zahlung der Gebühren an den Pedell befreit. Mit Berufung auf das Königliche Edict aus dem Jahre 1750 wurde den Studenten verboten öffentlich bewaffnet zu erscheinen. Wer ein Schwert oder Messer zog, wurde mit Carcer oder Relegation bedroht. Duelle waren auf das Strengste untersagt, es war eine drei- bis sechsjährige Haft und ewige Schmach als Strafe dafür festgesetzt, die Helfershelfer erhielten eine gleiche Buße. Hatte das Duell einen tödtlichen Ausgang genommen, so sollte der Schuldige mit dem Tode bestraft werden. Nach einer Bemerkung an der betreffenden Stelle heißt es: diese Artikel gründen sich auf das Kurfürstliche Edict vom Jahre 1688, welche 1713 noch erweitert worden seien. Außerdem ist noch in der späteren Ausgabe der Gesetze angegeben, daß die öffentliche Bibliothek zweimal in der Woche, am Mittwoch und Samstage, zwei Stunden lang zur Benutzung zugänglich sei. Für dieses

Recht habe jeder Student einen Reichsthaler zu entrichten, auch wird mitgetheilt, daß die Honorare im Voraus zu zahlen seien.

Es fällt auf, daß das Matrikelbuch schon früher in Gebrauch genommen worden ist, als die eigentliche Stiftung der Universität erfolgte. Bekanntlich haben die Herzoge des Cleve'schen Landes aber schon sehr früh den Plan gehegt, die lateinische Schule in Duisburg zu einer Academie heraus zu bilden. Am 26. Mai 1506 hatte Kaiser Maximilian I. bereits hierzu die Genehmigung ertheilt, hundert Jahre vor der eigentlichen Gründung der Universität war das Diplom ausgefertigt für die Letztere, und in den ersten fünfzig Jahren des siebenzehnten Jahrhunderts waren die Vorbereitungen schon so weit gediehen, daß die hohe lateinische Schule sich als constituirte academische Anstalt betrachten konnte. In diesen Verhältnissen liegt unzweifelhaft die Vorbenutzung des Matrikelbuches begründet.

Das Leben der Studenten zeigte in den früheren Jahrhunderten überall viele rohe Seiten, auch in Duisburg traten dieselben, besonders in der ersten Zeit nach der Gründung der Universität, vielfach zu Tage. Der damals noch bestehende Mißbrauch, Degen zu tragen, verleitete die jungen Hitzköpfe zu mancherlei Ungehörigkeiten. Die wilden Kriegszeiten verhärteten die Gemüther. Es wird berichtet, daß die Studenten gern ihre Gläubiger durchgeprügelt haben, wenn diese es wagten, sie an die Zahlung von Schulden zu mahnen. Auch liebten sie es aus reinem Uebermuthe Abends Fenster zu zerschlagen, sich zu verkleiden, selbst als Frauenzimmer, Bürger anzugreifen und sich gegenseitig mit bewaffneter Hand zu überfallen. Die vorhandenen Senatsprotocolle enthalten viele Processe über derartige Ausschreitungen. So war am 14. October 1655 ein Dr. Wilder Abends zwischen 8 und 9 Uhr mit bloßem Degen auf öffentlicher Straße über einen anderen Studenten hergefallen, und als ein gewisser Diest hatte vermitteln wollen, hatte er den Letzteren schwer verwundet. Als Strafe wurde ihm zuerkannt, daß er den Degen verwirkt habe und ihn sofort dem Rector abliefern solle. Im December desselben Jahres waren mehrere Studenten Nachts in die Schule eingebrochen, hatten die Gläser zerschlagen und zu corrigirende

Arbeiten, welche auf dem Pulte lagen, verbrannt, was sie mit Carcerstrafen büßen mußten. Am 27. October 1662 feierte ein Bürger auf der Kuhstraße seine Hochzeit, da brachen Nachts, während die Gäste noch versammelt waren, Studenten in das Haus und übten allerlei Gewaltstreiche aus, bis sich die Bürger ermannten und über sie herfielen. Eine Frau, ob es die Neuvermählte gewesen ist, wird nicht angegeben, hat sich bei diesem Vorfalle besonders heldenhaft gezeigt. Sie schlug den Hauptunruhstifter über den Kopf und warf ihn die Treppe hinunter, wo er von Nachbaren in Empfang genommen und arg zugerichtet wurde. Vor dem Senate sagte der Schuldige aus, er habe nicht, wie gesagt worden sei, die Stadt in Brand stecken, sondern nur den Hochzeitern ein Geschenk präsentiren wollen, was ihm eine Buße von fünf Goldgulden oder eine Carcerstrafe von zwei Tagen und zwei Nächten eintrug. Mädchen wurden häufig Abends von Studenten in schamloser Weise belästigt. Bei den religiösen Excessen spielten die Studenten oft eine große Rolle. Es kam einmal vor, daß Mehrere in die Klosterkirche, worin auch ein Auditorium in den fünfziger Jahren des siebenzehnten Jahrhunderts eingerichtet war, gerade zu einer Zeit, wo ein Paar getraut werden sollte, gingen, die Gestühle durch einander warfen und zerschlugen. Im September 1663 begaben sich zwei Studenten mit der Mütze auf dem Kopfe in die Minoritenkirche, wo gerade eine Messe gelesen wurde. Als ein Minorit auf sie zutrat und sie bat, wenigstens das Haupt zu entblößen, schimpften sie ihn „Bluthund" und begannen ihn mit Steinen, welche sie vorsorglich mitgebracht hatten, zu werfen, so daß ein allgemeiner Tumult entstand. Diese Unthat wurde nur mit breitägigem Carcer bestraft.

Um die Frequenz der Hochschule nicht zu gefährden, wurden von den Professoren bei Vergehen der Studenten nie die Gesetze in ihrer vollen Strenge zur Anwendung gebracht. Dieses geschah nicht allein in Duisburg, sondern an allen Universitäten. Hierdurch wurde der Uebermuth der jungen Leute, welcher selbst den Professoren gegenüber nicht immer in den gehörigen Schranken blieb, noch besonders gesteigert. Viele Zwistigkeiten zwischen Professoren und Studenten sind vorgekommen, die Letzteren trieben es sogar so weit, daß sie eine

Zeit lang in den merkwürdigsten Trachten, z. B. Schlafröcken in die Vorlesungen kamen, bis ihnen dieses im Jahre 1683 ausdrücklich untersagt wurde. Oeffentliche Aufzüge hielten die Studenten häufig unter Begleitung einer Musikbande durch die Straßen der Stadt, eine Zeit lang haben sie auch Schießfeste gefeiert. Einmal ereignete sich nächtlicher Weile nach einer solchen Festlichkeit ein so heftiger und schwerer Streit zwischen den Studenten und Bürgern, daß der Rector magnificus gerufen werden mußte, um die Kämpfenden auseinander zu bringen, was ihm nur mit Mühe gelang.

Im Jahre 1750 haben die Studenten einmal das Posthaus gestürmt und das an demselben befindliche Wappen zertrümmert. Das Tragen von Degen hat sich bis in die Mitte des vorigen Jahrhunderts bei den Duisburger Studenten erhalten, es erhoben sich sogar damals über die Berechtigung zum Tragen der Waffen Streitigkeiten zwischen der Universität und dem Magistrat. Eine Regierungs-Verfügung vom 5. Januar 1751 an den Letztern beweist, daß die Sitte auch in anderen Kreisen bestand. Dieselbe lautet: „Es ist vorgekommen, was zwischen Euch und dortiger Universität in puncto des Degentragens vorgegangen. Gleichwie wir nun deshalb keine Irrungen gestatten wollen, als befehlen wir Euch in Gnaden benjenigen, so das Degentragen nicht gebührt, als Handwerksburschen, Apotheker-Gesellen und dergleichen solches nachdrücklich zu inhibiren. Cleve u. s. w." Für den Unterricht im Fechten war gesorgt, am Ende der fünfziger Jahre des vorigen Jahrhunderts waren sogar einmal zwei Fechtmeister angestellt, welche abwechselnd Stunden gaben. Die Studenten übten sich auch unter einander in dieser Kunst, wobei mehrmals schwere, ja tödtliche Verwundungen vorgekommen sind. Im Jahre 1805 wurde jedoch das Rappir- und Winkelfechten strenge untersagt.

Die freie Ausübung der Jagd hatte man den Studenten auch zugestanden, eine gewisse Beschränkung dieser Freiheit trat jedoch schon im Jahre 1665 ein. Durch eine Regierungsverfügung erhielt der Senat die Weisung, darauf zu achten, „daß die Studenten vom Jagen möglichst abgehalten würden und allenfalls solche Ordre zu stellen, daß sie gar aus dem Walde blieben und nur im flachen Felde zur rechten Zeit

jagten." Im Jahre 1777 wurden die Jagden in der Umgebung
der Stadt verpachtet und die Studenten durften überhaupt
dieses Recht nicht mehr ausüben. Der Senat hatte jedoch,
um denselben diese althergebrachte Vergünstigung in etwa zu
erhalten, darauf angetragen, der Universität in gleicher Weise,
wie der Magistrat an Bürger Jagdscheine ausstelle, die Vollmacht zuzugestehen, den Studenten das Jagen zu erlauben.
Die Wirthshäuser wurden viel von den Studenten besucht,
in dem nahen Duissern und dem jenseits des Rheins liegenden
Essenberg befanden sich solche sehr beliebte Locale, vor Allem
wird aber eine Zeitlang ein Gasthaus am Rhein zur Arche
Noah erwähnt, wo sie ihre Gelage hielten. Als das Tragen
der Degen noch gestattet war, fanden sie sich gern in größeren
oder kleineren Trupps zu Pferde dort ein. Als Merkwürdigkeit
mag erwähnt werden, daß im Jahre 1692 sogar von der
Anwesenheit einer Studentin, Namens Juliana Martta, in
Duisburg berichtet wird, welche sich von den Professoren
privatim in der Medicin und in den freien Künsten unterweisen
ließ. Sie galt für eine Doctorin.

Die preußische Regierung machte der Universität mehrmals den Vorwurf, daß die Leistungen bei derselben hinter
den Erwartungen zurückblieben. Als eine Hauptursache dieses
Mangels wurde hervorgehoben, daß die Ferien viel zu lange
dauerten. Es bestanden zwar zwei abgeschlossene Semester,
jedoch hatte sich der Mißstand eingeschlichen, daß neben den
gesetzlichen Ferien noch eine besondere freie Zeit eingeführt
worden war. Wenn nämlich die jährliche Einführung eines
neuen Rectors Statt gefunden hatte, so begann nicht sofort
das Schuljahr, sondern Professoren und Studenten benutzten
die nächsten vier Wochen um die Ferien fortzusetzen. In einer
Verfügung des Königlichen Regierungsraths in Cleve vom
4. Juli 1748 wird geradezu gesagt, daß die bei der Universität in Duisburg eingeschlichenen zu langen Ferien der Grund
des Verfalls der Universität seien. Es fänden sich deshalb
keine Fremde ein und es müsse unbedingt wie in Göttingen,
Halle, Jena und Frankfurt a. d. O. eine Aenderung zum
Besseren getroffen werden. Rechnet man hierzu noch, daß die
Professoren zuweilen auch nicht sehr gewissenhaft im Halten
ihrer Vorlesungen waren, da A. Vorheck z. B. während 6—7

Jahren sich seiner Verpflichtung ganz entzog, so muß man diesen Vorwurf gewisser Maßen als berechtigt anerkennen. Die ungesetzlichen Ferien wurden demgemäß ganz abgeschafft, und diese Angelegenheit dahin geregelt, daß bis acht Tage vor Ostern und Michaelis gelesen und vierzehn Tage nach diesen Festen die Vorlesungen wieder beginnen sollten. Man gestand jedoch der Universität zu, daß sie außer den hohen Feiertagen auch die protestantischen Feste feiern dürfte.

Ein wirksames Mittel, um die Leistungen der Studenten zu beaufsichtigen, bestand auch darin, daß die Regierung Conduitenlisten eingeführt hatte. Viele dieser Sittenzeugnisse finden sich in den Acten vor, welche der Regierung in Cleve im vorigen Jahrhunderte und später, sogar direct dem Könige auf dessen besonderes Verlangen eingereicht worden sind.

Wenn wir über den Besuch der Hochschule sprechen wollen, so darf man nicht außer Acht lassen, daß die vielen langjährigen Kriege, unter welchen die niederrheinischen Gegenden ganz besonders litten, den Studenten ein großes Hemmniß boten. Weitere Reisen waren in den beiden letzten Jahrhunderten für Jedermann mit Gefahren verbunden, junge kräftige Studenten hatten zeitweise aber noch besonders zu befürchten, von einer der kriegführenden Parteien festgehalten und in das Heer eingereihet zu werden. Daß die kurfürstlich Brandenburgische, später Preußische Regierung, hiervon keine Ausnahme machte, ja daß sie das Preßsystem vor Allen gern befolgte, ist eine bekannte Thatsache. In den Schriftstücken der Duisburger Universität werden mehrere solcher Fälle erwähnt, welche die größte Vergewaltigung von Seiten der Militär- und Civilbehörden zeigen. Am 10. August 1655 wurde ein von Münster nach Duisburg reisender Student unterwegs in einer Herberge angehalten und festgesetzt, so daß sich der Curator für seine Befreiung bemühen mußte. Im Jahre 1637 war einem Studenten Namens Titus aus Königsberg in Essen das Geld ausgegangen, so daß er keinen anderen Ausweg sah, als sich anwerben zu lassen. Er hatte jedoch die Bedingung gestellt, daß es ihm vergönnt sein müsse, wieder los zu kommen, um seine Studien fortzusetzen. Zu dem Behufe hatte er sich Urlaub geben lassen, war aber in Wesel, wohin er gegangen war, um wahrscheinlich Geld von einem Landsmanne zu erhalten, als Deserteur in einen Thurm gesperrt worden, worin er seine Gesundheit vollständig einbüßte. Im Jahre 1733 hatten die Werber sogar einen aus Orsoy gebürtigen Studenten in Duisburg selbst aufgehoben, wodurch ein großer Aufruhr seiner Commilitonen veranlaßt wurde.

In den von dem Senate abgefaßten Berichten über den schwachen Besuch der Hochschule wird dieser kitzliche Punct aus leicht erklärlichen Gründen nicht erwähnt. Der Mangel an Freitischen sowie der Umstand, daß der größte Theil der Cleve-Märkischen Lande katholisch sei, wird aber als eine Hauptursache hervorgehoben. Wir können noch hinzufügen, daß epidemische Krankheiten wie die Pest in den fünfziger Jahren des siebenzehnten Jahrhunderts, dazu beigetragen haben, den Zuzug zu mindern. Mehrmals finden sich in dem Album Bemerkungen, worin dieser traurigen Verhältnisse Erwähnung geschieht. Aus dem Jahre 1757 mag eine solche hierunter folgen, welche zugleich ein Chronogramm aufweist.

Dieselbe lautet:

HorrIDa beLLa noCent, MetVs otIa grata reLegat.

Die Universität ist mehrmals gezwungen gewesen, die Vorlesungen zu schließen und sogar auszuwandern. Im Jahre 1767 gingen die Studenten wegen der Kriegsverhältnisse Alle wieder heim.

Am stärksten war der Besuch der Duisburger Hochschule in dem Einweihungsjahre 1655, wo 92 neu angekommene Studenten immatrikulirt worden sind.

Vor dieser Zeit sind 1652 — 25 ⎫
                           3 — 19 ⎬ Studenten
                           4 — 24 ⎪
und bis zur Inauguration 5 — 48 ⎭
in das Album eingezeichnet worden.

In dem ersten Jahrzehnt des vorigen Jahrhunderts betrug die größte Zahl der Immatrikulirten (1701) 61, in den Jahren 1703 und 1710 sind jedoch nur bezw. 24 und 28 eingetragen. Im Ganzen wurde in dem ganzen Jahrhundert die jährliche Zahl von 50 nie erreicht. Unter den vielen Holländern, welche die Universität in Duisburg besuchten, findet sich im

Jahre 1762 ein Mann, Adolf Dieterich, Bürgermeister von Lobit, eingetragen, bei welchem die Bemerkung gemacht worden ist, daß er nach vielen Irrfahrten vom Cap der guten Hoffnung dorthin gekommen sei, um Medicin zu studiren. In den siebenziger Jahren des vorigen Jahrhunderts hielt sich die Zahl der Einschreibungen zwischen 30 und 40, sank dann aber auf 20—35 herab. Auch in unserem Jahrhundert besserte sich der Zustand der Universität nicht. Im Jahre 1800 weist das Album noch 30 Immatrikulationen nach

1810 — 14	1815 — 22
1 — 16	6 — 17
2 — 20	7 — 15
3 — 16	8 — 8
4 — 8	

Diese Angaben über die Immatrikulationen geben jedoch über die vorhandene Zahl der Studenten keine Auskunft. Aus einigen Jahren sind aber Mittheilungen darüber vorhanden; genau ist jedoch, soweit die Programme für die Vorlesungen in den Acten sich befinden, die Zahl der Zuhörer eines jeden Professors angegeben, wobei natürlicherweise nicht ausgeschlossen ist, daß die Studenten als Schüler verschiedener Lehrer mehrfach aufgeführt worden sind.

Im Winterhalbjahr 1775 betrug die Zuhörerzahl:
39 Theologen,
46 Juristen,
21 Mediciner,
5 Mathematiker.
Summa 111.

Im Winter 1777 . . . . 4 Adelige,
33 Theologen,
43 Juristen,
21 Mediciner,
4 Mathematiker,
Summa 105.

Im Sommer 1777 . . . . 6 Adelige,
25 Theologen,
38 Juristen,
17 Mediciner,
Summa 86.

Aus dem Jahre
$\begin{cases} 1716 \text{ sind } 124 \\ 7 \text{ „ } 73 \\ 1778 \text{ „ } 91 \\ 9 \text{ „ } 88 \\ 81 \text{ „ } 73 \\ 91 \text{ „ } 75 \\ 92 \text{ „ } 142 \\ 1805 \text{ „ } 21 \end{cases}$ Zuhörer

aufgeführt. Merkwürdig ist es, daß die Adeligen als eine besondere Sorte der Studenten angegeben werden. Laut Verfügung vom 25. October 1775 wurde der Senat auf speciellen Befehl des Königs aufgefordert, halbjährige Uebersichtstabellen der Frequenz einzureichen, deshalb sind die Mittheilungen nach dieser Zeit am vollständigsten vorhanden. In diesen Verzeichnissen mußten auch die Vergehen und Bestrafungen der Studenten angegeben werden, es finden sich darin Fälle wie Schlägereien mit den Hauswirthen, die tödtliche Verwundung eines Stubenburschen, eine Geldstrafe von 50 Thlrn. wegen verbotenen Spiels u. a. aufgeführt. Um den Besuch der einheimischen Hochschulen zu heben, war das Studiren auf auswärtigen derartigen Anstalten verboten, dennoch scheint dieses Gesetz oft übertreten worden zu sein. In einer Verfügung vom 3. November 1750 wird darauf hingewiesen, daß den jungen Leuten nicht gestattet werden könne, das Gymnasium zu Dortmund zu besuchen um dort lectiones academicas zu nehmen. Winkelprofessoren, besonders Advocaten, welche privatim juristischen Unterricht gaben, fanden sich an mehreren Orten der Nachbarschaft, ja es ist sogar vorgekommen, daß Privatdocenten in Duisburg selbst um die Erlaubniß einkamen „Collegien halten zu dürfen." In welcher Beziehung diese Leute zu der Universität standen, ist jedoch nicht näher angegeben.

Für den Zutritt zu den Vorlesungen der Universität wurde eine gewisse Reife verlangt, an manchen Gymnasien fanden deshalb Abgangsprüfungen statt, und es wurde dort den entlassenen jungen Leuten ein Zeugniß der Reife ertheilt. Der Besitzer eines solchen war von vornherein berechtigt, academische Vorlesungen zu hören, wer dasselbe nicht aufweisen konnte, mußte sich einer Vorprüfung am Universitätsorte unterwerfen, wofür eine besondere aus Professoren und Docenten bestehende Examinations-Commission eingesetzt war. Sehr strenge ist es jedoch mit dieser Prüfung nicht gehalten worden, wie eine Verfügung vom 23. December 1788 beweist. In derselben wird gesagt man sei keineswegs gewillt den als unreif befundenen Jünglingen den Besuch der Hochschule zu verbieten, sondern es handle sich nur darum die Angehörigen auf die Schwäche derselben aufmerksam zu machen und die Studenten zu größerem Fleiße zu ermuntern. Auch Ausländer mußten sich dem Examen fügen, wenn sie auf irgend ein Beneficium Anspruch machen wollten. Einzelne Schulen, welche berechtigt oder nicht befugt waren, vollgültige Zeugnisse auszustellen, werden darin angeführt. Die Prüfung bestand in schriftlichen und mündlichen Nachweisen der Befähigung, jedem Examinirten wurde ein Zeugniß ausgestellt. Viele Studenten scheinen, wie in einer anderen Verfügung vom Jahre 1796 hervorgehoben wird, dennoch sich dem Examen entzogen zu haben, dieses wird getadelt, auch wurde das Prüfungswesen neu geregelt. Hierdurch trat vor Allem die Bestimmung in's Leben, daß ein jeder Novize binnen der ersten 10 Tage nach Ankunft sich ein Zeugniß erworben haben müsse, worauf erst die Immatriculation erfolgen könne. In die academischen Gesetze, von welchen der Universität mit der letztgenannten Verfügung zugleich ein Abdruck übermittelt wurde, waren die Bestimmungen über die Zeugnisse der Reife in den §§ 4 bis 6 aufgenommen worden.

Die Studenten schrieben in den Vorlesungen nach, jedoch kam es zur Zeit vor, daß die Professoren dieses den Studenten nicht gestatten wollten. In einem Rescripte vom 14. Juni 1781 spricht sich die Regierung über diesen Gegenstand dahin aus, es sei unrecht, daß so viele Collegien gelesen würden, wobei keine gedruckte Compendien zur Hand gewesen, also den Studenten die Gelegenheit zum Nachstudiren benommen sei. Beim Dictiren könnten leicht Irrthümer unterlaufen. Den Lehrern wurde hierbei aufgegeben in dem Falle, daß sie nach eigenen Ausarbeitungen lesen wollten, diese vorher drucken zu lassen. Auch wurde verboten am Ende des Schuljahres die Vorlesungen zu dupliciren, denn dieses Verfahren sei nur eine Quälerei für die Studenten. Auf eine vom Ministerium gestellte Anfrage in derselben Verfügung, warum so viele nützliche

Collegien nicht gelesen würden, antwortete der Senat, es fehle vielen Studenten an dem nöthigen Gelde, um dieselben zu bezahlen.

Als Merkwürdigkeit ist zu erwähnen, daß nach einer Angabe aus dem Jahre 1774 die medicinischen Studenten die Kosten für die erforderlichen Leichname selbst bezahlen mußten, es wurden ihnen 2 Pistolen jedesmal dafür in Anrechnung gebracht. Disputationen wurden häufig gehalten. Für die wenig bemittelten Studenten der Theologie war ein bestimmter Fonds vorhanden, aus welchen ihnen 15 Thlr. zur Bestreitung der Auslagen angewiesen wurden. Wenn die jährlichen Intraden richtig einkamen, so erhöhete man diese Unterstützung noch um einen Betrag von 20 Thlrn. Wer ein Stipendium während seiner Academiezeit bezogen hatte, der war nach einer Verfügung vom Jahre 1789 gehalten, vor seinem Abgange durch eine Disputation den Erfolg seiner Studien nachzuweisen.

Im Jahre 1812 findet sich in den Acten eine Mittheilung über die in Duisburg bewirkten Doctorpromotionen. Nach derselben sind während der Zeit des Bestehens der Universität, also vom Jahre 1655 ab,

    38 Graduirte der Theologie und
   216 juristische Doctoren und Licentiaten
ernannt worden.

Nach einer anderen Nachweisung sind in dem ersten Jahrhundert nach Gründung der Universität
    25 in der theologischen Facultät,
   507 „ „ juristischen „
   204 „ „ medicinischen „
    12 „ „ philosophischen „
zu Doctoren, Magistern und Licentiaten promovirt worden.

In Bezug auf die Unterbringung und die Beköstigung der Studenten hatte bereits am 6. Februar 1656 die Universität mit der Stadt einen Vergleich abgeschlossen, worin sich der Magistrat auch verpflichtete, die Studirenden von Lasten frei zu halten.

Durch eine Verfügung vom 30. Juli 1798 gewann der Magistrat eine größere polizeiliche Gewalt über die Studenten, denn es wurde darin festgesetzt, daß die Bestrafung von Tumulten nicht mehr dem academischen Gerichte, sondern dem Ortspolizeidirector obliegen solle.

Studenten-Verbindungen.

Die Studentenverbindungen waren verboten, jedoch hat eine eigenthümliche derartige Genossenschaft in den sechsziger Jahren des vorigen Jahrhunderts einmal bestanden, welche zu weitläufigen Untersuchungen Veranlassung gegeben hat. Sie nannte sich fidelitas — amitié perpetuelle oder Orden Inviolable und war von Halle ausgegangen, wo die Hauptloge war. Originell ist die Art und Weise, wie der Orden in Duisburg gegründet wurde. Ein Student C. L. Engels aus Düren hat im Juli 1767 die Kirmeß in Kaiserswerth besucht und tüchtig mitgefeiert. Von vielem Vergnügen ermüdet, hat er sich, wie er sagt, zurückgezogen und über die Freundschaft nachgedacht, dann aber seine Freunde Schaumburg, Hermanni, Grote, Boelling, Linde und Marler zu sich beschieden, wo sie dann am 14. Juli des genannten Jahres die Stiftung des Freundschaftsbundes beschlossen.

Der Inhalt der von Halle ausgegangenen Grundstatuten war folgender: „Wer das Glück genießt und welches Glück ist es nicht, Mitglied des Ordens inviolable zu sein, der muß folgende Gesetze zu beobachten sich zu seiner Schuldigkeit machen. Er muß die aufrichtigste Freundschaft und nur lauter edle Gesinnungen gegen seine Mitbrüder empfinden, hierauf zielt das Wort inviolable und der Todtenkopf auf unserem Zeichen, daß unsere Freundschaft nur erst mit dem Tode aufhört. Weil es Schwierigkeiten setzen würde, wer bei dem Abgehen eines seniors dessen Stelle bekleiden sollte, so ist es allezeit derjenige, welcher das Glück genießt, der Aelteste im Orden zu sein. Weil der Orden bloß eine wesentliche Freundschaft zum Grunde hat, so ist es thöricht und unerlaubt, daß sich Ordensbrüder schlagen, es wird also bei gänzlicher Abnehmung des Ordenszeichens verboten. Sollte es aber vorkommen, daß sich zwei Ordensbrüder entzweiten, so ist der Beleidigte verbunden, solches dem Senior zu klagen, welcher dann in öffentlicher Sitzung Nachricht giebt, wo dann der Beleidiger sich zur Abbitte verstehen muß und es auf die plurima vota ankommen läßt, welche Strafe ihm hierfür dictirt wird. Jedes Mitglied verpflichtet sich, an dem Orte, wo es sich befindet und auch in patria seinen Orden fortzupflanzen, doch nur solche Subjecte zu wählen, die dem Orden keine Schande machen, daher er auch die leges als abiturus mitbekommt. Er errichtet in loco seine eigene Loge und ist daselbst senior, sollte aber ein Aelterer dorthin kommen, so hat er das Recht diesem abzutreten. Jedes Mitglied muß sich eines stillen und ruhigen Lebens befleißigen und sich als ehrlicher Mann und guter Bürger aufführen. Es muß sich verpflichten, wenigstens zwölfmal im Jahre zur Kirche zu gehen, im Uebrigen mag er katholisch, reformirt oder lutherisch sein, nur kein Jude, Atheist, Türke, Heide oder Socinianer. Ein Jeder zahlt monatlich 8 Groschen Beitrag zur Casse. Von diesen Beiträgen werden monatlich 2 Groschen, so viele Mitglieder da sind, an Kranke, Arme und Waisen des Ortes abgegeben. Kein Mitglied darf sich unterstehen, Freimaurer zu werden, sonst erfolgt sofortiger Ausschluß. Der Orden ist in Halle errichtet und dort die Hauptloge, dahin ist von Allem Mittheilung zu machen und mit ihr in Correspondenz zu bleiben. Es müssen die Ceremonien überall beobachtet werden, wie sie bei der Hauptloge gebräuchlich sind. Sollte ein Ordensbruder unglücklich sein und ohne seine Schuld um sein Vermögen kommen, so ist die Loge, worin er ist, verbunden, an die Hauptloge zu schreiben und es ihr durch ihren Secretär vorzustellen, wie es ihrem Mitbruder ergangen ist. Hierauf schreibt die Hauptloge an die übrigen Logen und bittet sich ein Verzeichniß von den Brüdern aus, welche in Bedienung sind und ihr eigenes Brod haben. Sie macht dann einen Ueberschlag, wie viel eine jede Loge aufbringen soll, damit der Mitbruder wieder in statu quo komme. Dieses Geld muß sofort aufgebracht und in die Loge recta geschickt werden, woraus der Ordensbruder unglücklich geworden ist, denn gegenseitige Unterstützung ist Bedingung.

In presence Anderer darf auch nicht tacite, sondern blos in der Versammlung vom Orden geredet werden. Kein Mitglied darf einem Fremden das Geringste verrathen, Keiner darf, wenn es auch sein größtes Glück wäre, aus dem Orden treten, denn das ist eines von den vornehmsten Gesetzen. Jede Loge hat das Recht, auch specielle Gesetze zu geben cum consensu omnium, die in der Loge sind, sie darf sie aber keiner anderen Loge aufbringen, die nicht von ihr das

Zeichen bekommen haben und zu ihrer Loge gehören. Der Geburtstag des Landesfürsten wird gefeiert in der Loge, um die feurigsten Wünsche für dessen Wohl zum Himmel zu senden, um so mehr, wenn er sie schützt, doch muß sie auch dies thun, wenn er sie verfolgt, denn man soll nicht Böses mit Bösem vergelten.

Der Armuth aufzuhelfen, ist das zweite Gesetz des Ordens, deshalb macht Euch, Brüder, auch dieses zu eigen. Der 18. August ist der Stiftungstag. Alle 14 Tage ist Zusammenkunft, dieselbe findet am Sonntage 2 Uhr Nachmittags statt. Jeder Ordensbruder zahlt als Eintrittsbeitrag 4 Thaler. Keiner darf einen Andern zum Orden nöthigen. Jeder muß die Gesetze mit einem Eide bekräftigen. Jede Loge führt ein besonderes Petschaft, welches der Secretär im Koffer verwahrt. Die Casse steht beim Secretär, der Senior jedoch hat den Schlüssel dazu. Ein jeder muß sein Ordenszeichen Tag und Nacht tragen, ein schwarzes Band mit dem Anfangsbuchstaben der Loge, zu welcher er gehört. Die Senioren tragen an ihrem schwarzen Bande einen weißen „Striemen", auch der Umfang des Kreuzes muß schwarz gebeizt sein. Der senior seniorum (in Halle) trägt ein goldenes Kreuz an weißem Bande mit schwarzer Einfassung. An ihn schreibt man: Lieber Vater — Theurer Ordensbruder! Alle Mitglieder des Ordens dutzen sich unter einander. Neben der Unterschrift ist ein Todtenkopf und das Wort „inviolable" zu setzen. Der Vater hat allen Logen und Senioren zu befehlen. Jeder Aufgenommene erhält ein Diplom auf Pergament mit dem Logensiegel und den Unterschriften der Vorsteher versehen ausgefertigt. Da die Briefe auf der Post aufgefangen werden können, so haben wir ein eigenes Alphabet. Das Zeichen des Ordens ist: der mittelste Finger auf dem Herzen. Finden zwei, daß sie sich verstehen, so zeigen sie sich ihr Ordensbuch und fragen nach ihrem Diplom und ihrer Loge, und der Fremde ist nicht mehr fremd am fremden Orte."

Außer diesen allgemeinen Statuten waren für die Loge Beständigkeit in Duisburg noch die folgenden Gesetze vereinbart worden: „Bei der Aufnahme liefert jedes Mitglied ein Buch, welches in die schönen Wissenschaften einschlägt und mindestens 30 Stüber werth sein muß. Jeder, welcher in die

Versammlungen zu spät kommt, hat eine Strafe von 10 Stüber zu zahlen. Der jüngste Bruder hält während des actus receptionis Wache vor der Loge. Wer „besoffen" in die Loge kommt, verfällt in eine Strafe von 2 Reichsthalern, wer sich in der Loge „besäuft", der hat eine Sühne von 4 Reichsthalern zu entrichten."

Als Vorsteher einer Loge galten bei jeder Loge ein Senior, ein Subsenior, ein Secretär und ein Redner.

Wenn man die Statuten dieses Ordens mit den Grundregeln anderer geheimen Gesellschaften jener Zeit vergleicht, so kann man eine Verwandtschaft der Tendenzen nicht in Abrede stellen. Noch mehr leuchtet dieselbe ein, wenn man die Abhandlungen liest, welche von einzelnen Mitgliedern verfaßt worden und in der Originalschrift den Untersuchungsacten beigefügt sind. Dieselben betreffen allgemeine Sittenregeln oder bringen Betrachtungen, oft sehr verschwommener Art, über Tod, Melancholie, Glückseligkeit, Tugend und dergleichen Gegenstände. Der Orden hatte somit humanistische Zwecke. Ein Blick in das von Weishaupt im Jahre 1787 herausgegebene Buch: „Das verbesserte System der Illuminaten mit allen seinen Einrichtungen und Graden" zeigt eine merkwürdige Uebereinstimmung mit diesen Tendenzen. In demselben befindet sich auch eine Abhandlung über Philosophie des Glücks und der Weltleute (S. 102), worin die Lebensmoral weitläufig besprochen wird. Auf der Seite 296 behandelt der Verfasser das Geheimniß und dessen Nothwendigkeit. Bei den Illuminaten war die Geheimhaltung nur noch weiter getrieben, als bei dem inviolable-Orden. Die meisten Illuminaten befanden sich über die Persönlichkeit der Hauptleiter vollständig im Dunkeln, es bestand eine unsichtbare Sittencontrole, welche besonders die Oberen zu einer steten Vorsicht mahnte. Ein jedes Mitglied hatte das Recht, vierteljährlich seinem nächsten bekannten Oberen Beschwerden, Urtheile über den Character und das Benehmen der Vorgesetzten versiegelt zu übergeben, und dieser beförderte dieselben unterbrochen stufenweise weiter bis an die höchsten Leiter des Ordens. Dieses Controlesystem schließt sich genau an das Verfahren der Jesuiten an und läßt erkennen, daß man dieselben Mittel anwendete, um ein bestimmtes Ziel zu erreichen, welches man auf der feindlichen Seite bekämpfen wollte. Es würde zu weit führen, wenn man die aufgestellten Lebensgrundsätze, wie sie in dem genannten Weishaupt'schen Buche (Seite 235 u. ff.) dargelegt sind, mit den vorhandenen Ausarbeitungen des inviolable-Ordens eingehender erörtern wollte. Bemerken wollen wir nur, daß die letzteren unreiferer Natur sind.

Der Illuminatenorden besaß acht Classen, aber eigentlich nur drei Staffeln. Eine gleiche Einrichtung, jedoch, wie es scheint, mit Ausschluß mehrerer Classen, hatte der inviolable-Orden, denn die Mitglieder mußten drei Grade durchmachen, für welche besondere Erkennungszeichen und Ceremonien festgesetzt waren.

Hatte sich Jemand zur Aufnahme in den Orden gemeldet, so wurde er von einem Mitgliede in die Versammlungen eingeführt und hatte unter folgenden Formalitäten einen Eid zu schwören. Der Novize erhob sich vom Stuhle und entblößte sein Haupt, in gleicher Weise nahmen alle Anwesenden ihre Kopfbedeckung ab, nur der Senior allein blieb bedeckt. Dann legte der Schwörende die linke Hand auf die Gesetze und hob die drei mittleren Finger der Rechten in die Höhe, worauf ihn der Senior fragte, ob er Willens sei, den Eid zu schwören. Bejahte er dieses, so hatte er dem Senior folgende Formel nachzusprechen: „Ich N. N. schwöre bei der Dreieinigkeit und meinem Leben. 1. Daß ich mich den nachzugebenden Anordnungen und Gesetzen willig unterwerfe. 2. Daß ich, so lange ich lebe, dieselben unverbrüchlich halten will. 3. Daß mich nichts in der Welt bewegen soll, den Bund mit meinen Ordensbrüdern zu brechen. 4. Daß ich das Wohl meiner Freunde bis in die Stunde meines Todes befördern will. — Dies ist mein fester Wille so wahr mir Gott helfe und sein heiliges Wort."

Hierauf stand der Senior auf und hing dem Aufgenommenen das Ordenszeichen um. Außerdem gab es noch einen besonderen Eid, welchen jedes Mitglied zu leisten hatte. Dieser war die sogenannte formula purandi und bezog sich auf das feste Gelöbniß, niemals in dem Falle, daß er zurücktrete, etwas verrathen zu wollen, weder schriftlich noch mündlich. Das Diplom, welches dem Aufgenommenen zugestellt wurde, war von dem ganzen Vorstande unterschrieben und lautete folgendermaßen:

„Wir Senior, Subsenior, Secretär und Redner und alle Mitglieder der Loge der Beständigkeit des Ordens inviolable geben Dir N. N., unserem theuern Ordensbruder und Freunde, hiermit das Zeugniß an unseren Vater, die Hauptloge, Seniores und alle Logen und Mitglieder und melden ihnen, daß Du seiest ihnen gleich und trinkest aus dem Becher, woraus sie getrunken und brechest die Trauben von dem Weinstock, den sie gepflanzt. Der Herr sei mit Dir und gebe Dir Freude in Fülle. Amen.

Urkundlich unter unserem Insiegel und eigenhändiger Unterschrift.

Ao. Christi	N. N. Senior
ordinis nostri	N. N. Subsenior
receptionis 1.	N. N. Secretair
L. S.	N. N. Redner.

☉*)

inviolable."

Ein am 31. Tage des sechsten maurerischen Monats des Jahres 5803 des wahren Lichtes d. h. am 13 fructidor des Jahres XI der franz. Republik ausgestelltes und in der Urschrift mir vorliegendes Aufnahmediplom der großen Loge in Paris ist, wenn auch nicht so überschwänglich, aber doch in ähnlicher Form abgefaßt und erklärt, daß der Aufgenommene die drei symbolischen Grade durchgemacht habe. Also in Bezug auf die Staffeln herrschte unter dem Inviolable-Illuminaten- und Freimaurerorden unzweifelhaft Gleichmäßigkeit, die Sachlage jedoch gestattet nicht, diesen Gegenstand weiter zu verfolgen. In dem ersten Grade des Ordens inviolable mußte jedes Mitglied vier Monate bleiben. Als Kennzeichen wurde den Novizen Folgendes mitgetheilt: „Putzet die Nase, reibet oder berührt sodann mit dem kleinen Finger der rechten Hand erst das linke und dann das rechte Auge, putzet dann wieder die Nase! Befindet sich ein Bruder in der Gesellschaft, so wird er sich dadurch zu erkennen geben, indem er mit dem kleinen Finger der rechten Hand erst das linke nnd dann das rechte Auge reibt ohne Nasenputzen."

---

*) Soll einen Todtenkopf darstellen.

Das Ordenszeichen ist ein silberner Triangel am weißen Bande mit der Aufschrift der drei Anfangsbuchstaben des symboli nebst den Worten amitié perpétuelle und den Anfangsbuchstaben des Namens der Loge mit kreuzweise liegenden Degen. Dieses wird auf der Brust getragen. Das Symbolum heißt: Deo Fortuna, virtus! Für die Mitglieder dieses Grades hatte die Duisburger Zweigloge die Benennung „fidelitas". Denselben wurde noch besonders eingeschärft, daß sie selbst, wenn sie vor den Senat beschieden wurden, nichts der Obrigkeit verrathen dürften. In den Staffelgesetzen heißt es: „Wenn Jemand auf Befehl der Obrigkeit sein Ordenszeichen abliefert, so soll er zur Strafe beständiger Minister der Loge sein, (d. h. bienender Bruder werden) verwaltete er bisher ein Amt, so muß er dieses aufgeben und 3 Thaler an die Casse zahlen."

In der zweiten Staffel hatte jedes Mitglied 3 Monate zuzubringen. Das Ordenszeichen war ein silberner Halbmond an rothem Bande mit der Aufschrift des symboli auf der einen, und den Worten „floreat concordia" auf der anderen Seite. Das Symbolum lautete: Fata quounque me trahunt festinans sequar intrepidus, oder wie es deutsch ausgedrückt war: „Ich will allen denen Wegen des Schicksals hitzig und unerschrocken folgen." Das Erkennungszeichen der Mitglieder des zweiten Grades bestand darin, daß sie mit dem dritten Finger der rechten Hand erst die linke, dann die rechte Ecke des Mundes und darauf das Kinn berührten. Sah diese Bewegungen ein Ordensbruder, so trat er hinzu und gab sich durch die Worte: „Es sei so!" zu erkennen.

Das Ordenszeichen des dritten Grades bestand in einem blauen Bande, an welchem ein vergoldeter silberner Stern hing. Auf demselben befanden sich in Geheimschrift die Worte: Caesaris verda (Kaiserswerth) zum Andenken an die Stiftung dieser Zweigloge. Der Senior seniorum trug das Ordenszeichen von reinem Golde mit den Anfangsbuchstaben der Worte:

Caesaris verda |.

amitié perpétuelle /.\

Senior Seniorum .\ \

Die Mitglieder gaben sich dadurch zu erkennen, daß sie den Daumen und vierten Finger der rechten Hand einschlugen oder unter der Weste versteckten, die drei übrigen Finger aber frei auf die Brust legten. Der fremde Ordensbruder trat dann näher und ergriff mit dem Daumen und den beiden ersten Fingern seiner Rechten die beiden ersten Finger der linken Hand des erkannten Ordensbruders und drückte sie.

Im Jahre 1767 gab es bereits drei Logen dieser Verbindung, in der späteren Zeit wird die Zahl derselben auf zwölf angegeben und namentlich eine solche in Leipzig genannt. Zu einer bestimmten, jedoch nicht näher bezeichneten Zeit wurde alljährlich ein großer Logentag gehalten, der jedoch nicht über 4 Tage dauern durfte. Auf demselben erschienen Abgesandte der Zweiglogen. Der Senior und Secretair oder zwei andere Deputirte wurden zu dem Behufe mit Vollmachten versehen. Diese Großloge war die Appellinstanz, welche in allen Streitfällen endgültig entschied. In dieser Versammlung wurden die allgemeinen Logen-Angelegenheiten geregelt, es durfte nur wenig darin genossen werden.

Ueber die Zahl der Mitglieder ist nur ein Verzeichniß aus der ersten Zeit nach Stiftung der Verbindung in Duisburg vorhanden, in demselben sind 12 Brüder aufgeführt. Hierbei ist zu berücksichtigen, daß die Duisburger Universität eine der kleinsten in Deutschland war. Es ist unzweifelhaft, daß die Zahl der Logenmitglieder später bedeutender gewesen ist, ja es wird sogar angedeutet, daß sich Officiere darunter befunden haben, von einem an der Universität angestellten französischen Sprachlehrer ging sogar die Veranlassung zur zwangsweisen Auflösung dieses Geheimbundes aus.

Die Geheimschrift, deren sich die Mitglieder in ihren Correspondenzen bedienten und wovon mehrere Proben sich in den Acten befinden, war einfacher Natur. Sie bestand in geraden und krummen Linien und landläufigen Charakteren und Punkten, wie einem Dreieck, Halbmonde, Kreise, einer offenen Acht u. s. w. Als Beispiele seien angeführt:

△ ˥ ⌈ · ˙ ∪ ⌒ ⊢ ⊣ b ÷ ⊥ ⊙ / \ ℂ Z
a b c d o h i k l n o p q r s t z

Der Bund hatte, wie es scheint, bis zum Jahre 1786 unangefochten bestanden, da trat ein Zwischenfall ein, welcher denselben an die Oeffentlichkeit und zur Einmischung des Universitätssenats und der preußischen Behörde brachte. Es ruhet jedoch ein großes Dunkel über der Auflösungsangelegenheit, welches dadurch erklärlich wird, daß der Orden in Conflict mit dem Freimaurerorden gerieth. Die Untersuchungsacten befinden sich nicht unter den in Bonn aufbewahrten Papieren der früheren Duisburger Hochschule. Folgendes geht jedoch aus den vorhandenen späteren Verhandlungen hervor: Die Professoren haben schon früher um das Vorhandensein des Bundes gewußt, jedoch keine Schritte gegen denselben gethan. An der Duisburger Hochschule herrschte die schärfste Orthodoxie, die im Lande sogar etwas verrufen war, so daß sich ein freisinniger Gelehrter nicht leicht dazu verstand, einem Rufe dorthin Folge zu leisten. Der Bund duldete keinen Anschluß an den Freimaurerorden, eben so abgeneigt aber waren die dortigen Professoren demselben. Somit mochten sie mit den Tendenzen des inviolable-Ordens im Allgemeinen einverstanden sein. Als Beweis für diese Angabe mag es gelten, daß im Jahre 1784 die Professoren Protest erhoben, als einige Freimaurer daselbst mit dem Plane umgingen, eine Loge zu gründen. Dieser Gedanke hing unzweifelhaft damit zusammen, daß man dem Einflusse des inviolable-Ordens ein Gegengewicht schaffen wollte. Die Regierung wies den Protest der Professoren zurück und erklärte, der Freimaurerorden sei eine im Staate geduldete Gesellschaft, also müsse sich der Universitätssenat denselben gefallen lassen. Dieselbe erstand und erhielt die Benennung: Zu den zwei Zahlen.

Im Jahre 1786 war der französische Sprachlehrer Eduard de Casquet Mitglied des inviolable-Ordens. Ob dieser sich unter die Freimaurer hat drängen wollen, ist nicht recht klar zu ersehen, jedoch ist erwähnt, daß er sich das Siegel der Hauptloge im Haag habe zu verschaffen gewußt, welches er nachstechen ließ. Dies benutzte er um Proselyten zu machen und erhob Eintrittsbeiträge, was bald an das Tageslicht kam. Er wurde vor den Universitätssenat beschieden, für schuldig befunden und seiner Stelle entsetzt. Ein kläglicher Brief von ihm liegt vor, in welchem er reumüthig seine Schuld bekennt und bittet, seine Absetzungsverfügung zurück zu nehmen, er wolle sich allen Anforderungen fügen. Diese müssen sich aber um den Verrath gehandelt haben, denn es wurde ihm wirklich die bisher inne gehabte Stelle wieder übertragen. Das darüber mit Casquet aufgenommene Protocoll bewegt sich in allgemeinen und unverständlichen Angaben. Der Meister vom Stuhle im Freimaurerorden H. L. Jbbeken und der Secretär desselben von Ammon setzten sich unter anderen in einem Schreiben: „gegeben im Orient der gerechten und vollkommenen Loge zu den zwei Zahlen vom 10. April 1786" in Verbindung mit dem Universitätssenat und gaben allgemein gehaltene Mittheilungen über die dortige Loge. Auch das Landgericht mischte sich in diese Angelegenheit und es fanden Relegationen von Studenten, die hierbei bloßgestellt waren, statt.

Die Sache machte großes Aufsehen, so daß man sogar einen Aufstand der Studenten befürchtete. Das Stadtgericht bot 50 Mann Bürgerwache auf, um denselben im Keime ersticken zu können. Die vor den Senat beschiedenen Studenten zeigten sich jedoch sehr kleinlaut und baten, man möge weder Bürger, noch Pedellen und Gewehre benutzen, da sie in Allem gehorsam sein wollten. Sie lieferten das Bundessiegel, die Papiere und auch einen wirklichen Todtenkopf ab. Das Erstere war in der Größe eines Zweithalerstücks. Zur linken und rechten Seite eines Kreises lehnte sich je ein Mann, innerhalb dieses Kreises war ein großer Stern, und in diesem befanden sich ein Dreieck, ein Halbmond und verschiedene römische Buchstaben wie A, P, D, E, V, deren Deutung nirgends angegeben ist. Ganz ungefährlich hielt man den inviolable-Orden nicht, denn es befindet sich ein Brief des Professors Schlegtendahl an den rector magnificus in den Acten, worin er seinen Glückwunsch darüber ausspricht, daß ein in näherer Beziehung zu Letzterem stehender Student dem verderblichen Einflusse des Ordens entzogen sei. Ob der Letztere und welche practische Zwecke er verfolgt habe, ist aus den Acten, die jedenfalls sehr unvollständig sind, nicht zu ersehen. Die vollständige Auflösung des inviolable-Ordens ist jedoch damals noch nicht geglückt, denn im Jahre 1793 wird derselbe nochmals erwähnt. Es fanden wieder Relegationen statt und Studenten gaben das Gelöbniß ab, daß sie die Verbrüderung mit anderen Logen aufgeben wollten.

Auch die Universität in Halle muß scharf gegen diese Geheimbündler verfahren haben. Eine auf königl. Special-befehl erlassene Ministerial-Verfügung vom 5. Februar 1793 an die Universität Duisburg betrifft diesen Gegenstand. Dieselbe beginnt: „Schon vor mehreren Jahren hat die Universität in Halle mit einigen Universitäten eine Vereinbarung getroffen, nach welcher alle wegen Ordensverbindungen relegirte oder mit dem consilio abeundi belegte Studenten wechselweise einander angezeigt und den in perpetuum Relegirten die Aufnahme versagt werden soll." Also war von Halle unzweifelhaft der Anlaß zur Auflösung der geheimen Orden ausgegangen. Es wurde in der genannten Verfügung dem Duisburger Universitätssenat die Weisung ertheilt, von allen solchen Relegationen sofort Anzeige zu erstatten. Duisburg schloß sich in Folge dessen der Halle'schen Vereinbarung an. Am 20. Juni 1795 wurde dann nochmals ein strenger Ministerialbefehl erlassen, wodurch alle Studentenorden bei Strafe der Relegation verboten wurden, das Stadtgericht in Duisburg wies aber unterm 15. October desselben Jahres alle Hauswirthe an, keine geheimen Studentenorden in ihren Räumen zu dulden. Der Inhalt des ersteren Rescripts mußte in lateinischer Sprache den Universitätsgesetzen einverleibt werden, auch schlug man dasselbe am schwarzen Brette an.

Die Professoren.

Die Zahl der zeitweilig an der Universität zu Duisburg angestellten Professoren wechselte zwischen sechs und zwölf, außerdem werden noch zuweilen außerordentliche Professoren und Privatdocenten erwähnt. Am stärksten besetzt war stets die theologische Facultät, welches mit darin seinen Grund hatte, daß sie über besondere Fonds zu verfügen hatte, welche ab und zu sogar einen Ueberschuß gewährten. Die Universität hatte stets einen orthodox evangelischen Character, und die Professoren waren sehr darauf bedacht, diesen zu bewahren. Diese Orthodoxie muß im Lande sogar wegen ihrer Schroffheit verrufen gewesen sein, denn die Regierung macht in mehreren Verfügungen den Professoren den Vorwurf, sie benähmen neu zu berufenden Professoren die Lust, nach Duisburg zu kommen um Stellen zu übernehmen. Zu den tüchtigsten Kräften der Universität gehörten dennoch die theologischen Professoren nicht. Wenige Schriften derselben haben dauernden Werth errungen, die meisten erheben sich nicht über die Oberfläche der damals beliebten Forschungen hinaus, welche oft wunderliche Fragen zum Gegenstande hatten. Unter Anderem schrieb Peter Janssen (1744 Professor der Kirchengeschichte) eine Abhandlung darüber: „daß die Kleider und Schuhe der Israeliten die 40 Jahre, welche sie auf Wanderschaft in der Wüste zubrachten, nicht verschlissen sind." Peter Ammendorf, Professor der Theologie 1749, veröffentlichte im Duisburger Intelligenzblatte Abhandlungen über folgende Fragen: Ob im Paradiese zur Bequemlichkeit der ersten Menschen eine Wohnung gebaut gewesen sei, — ob die Herberge zu Bethlehem, worin Christus geboren, ein freies Gasthaus gewesen sei, — warum die Apostel zu ihrem eigenen Nutzen und Vortheile keine Wunderwerke haben verrichten können? Chr. Lohmann (1771 bis 1777) schrieb über die Ursachen einer sehr starken Bevölkerung u. dgl. Wenn man auch, da diese Ausarbeitungen nicht vorliegen, außer Stande ist, über die Behandlung des Gegenstandes ein Urtheil abzugeben, so muß man doch zugestehen, daß der Stoff etwas wunderlicher Natur ist.

Die orthodoxe Richtung der Professoren zeigte sich bei vielen Gelegenheiten, wenn es sich darum handelte, gewissen Freiheiten Eingang zu verschaffen. Daß sie im Jahre 1803 nicht dafür stimmten, öffentliche Schauspiele in Duisburg und in der Nachbarschaft zu gestatten, mag man ihnen nicht zum Tadel anrechnen, denn dieses Verbot war unterm 21. Juni 1771 für alle Universitäten des Landes ausgesprochen und galt als zu Recht bestehend. Im vorigen Jahrhundert hat jedoch eine Schauspielergesellschaft in Moers Vorstellungen gegeben. Im Jahre 1784 handelte es sich um Gründung einer Freimaurerloge in Duisburg und die Universität mußte, wie bereits mitgetheilt ist, von der Regierung auf ihren Protest dahin beschieden werden, „sie müsse sich diese Gesellschaft gefallen lassen, da sie eine im Staate geduldete Vereinigung sei."

Als im März 1799 die Regierung sich nach dem Fechtunterrichte und den vorkommenden Duellen in Duisburg erkundigte, benutzte der Senat die Gelegenheit, sich über die letzteren auszusprechen. Er schlug als die beste Strafe vor: die Duellanten mehrere Tage nach einander öffentlich an den Schandpfahl zu stellen und dieses Verfahren müsse überall von den Landesregenten eingeführt werden.

Die vorhandenen Programme der Universität enthalten nicht immer Mittheilungen darüber, ob die Professoren nach gedruckten Lehrbüchern oder eigenen Heften vorgetragen haben. Oft wird das Letztere jedoch ausdrücklich erwähnt, auch ist eine besondere Verfügung vorhanden, worin die Regierung, wie bereits mitgetheilt ist, den Professoren die Pflicht auferlegt, die Ausarbeitungen, welche sie ihren Vorlesungen zu Grunde legten, drucken zu lassen, damit den Studenten Gelegenheit zum Nachstudiren geboten werde. Der letztere Punct war um so mehr hervorgehoben, als einige Professoren ihren Zuhörern das Nachschreiben nicht gestattet hatten. Unterm 10. November 1785 weist die Regierung auch noch auf die Nothwendigkeit hin, regelmäßig nach einigen Stunden Examinatorien abzuhalten.

Die gesellschaftliche Stellung der Professoren muß, abgesehen von der ihrer persönlichen Würde zukommenden Achtung, durch ihre meist sehr bedrängte financielle Lage vielfach beeinträchtigt worden sein. Ihr Gehalt war sehr gering und dieses wurde ihnen sehr häufig wegen Mangels an Geld noch nicht einmal regelmäßig ausgezahlt. Es liegen sogar Klagen darüber vor, daß sie nicht gangbare Münzen als vollgültig erhalten hätten. Hierdurch geriethen die Professoren in Schulden, manchen wurde zuweilen bis zur Hälfte ihrer Einkünfte die Besoldung einbehalten, um die vielen Gläubiger zu befriedigen. Tüchtige Kräfte, unter Anderen auch der als Parabeldichter berühmte Krummacher, sahen sich durch diese Verhältnisse veranlaßt, Duisburg zu verlassen und sich irgendwo anders ein besseres Unterkommen zu suchen.

Wir lesen, daß mehrere Professoren entlassen worden sind, in einzelnen dieser Fälle ist es unzweifelhaft, daß die mißlichen financiellen Verhältnisse die Ursachen dieser Maßregeln abgegeben hatten. Die Professoren wurden unmuthig und es entstanden Weiterungen, die zu diesem äußersten Schritte führten. Um nicht zu darben, vernachlässigten die Professoren die Vorlesungen und benutzten die gewonnene Zeit, um durch schriftstellerische Arbeiten Geld zu verdienen. Durch diese Verhältnisse ist unzweifelhaft zu Zeiten eine große Lauheit eingerissen. Im Jahre 1776 wurde dem Professor Eichmann die Zahlung seines Gehalts ganz verweigert, weil er keine Vorlesungen gehalten hatte. Borheck hat 6—7 Jahre sich seinen academischen Pflichten nachweislich entzogen, ohne krank gewesen zu sein. Die Schuld an diesen Verhältnissen muß unbedingt in erster Linie der Regierung zugeschoben werden, wenn diese auch durch die frühere höchst ungeordnete Finanzwirthschaft gezwungen war, den Dingen ihren Lauf zu lassen. Der Hauptfehler lag von vornherein darin, daß der Universität nicht feste Capitalien hatten überwiesen werden können.

Für Pensionen und den Unterhalt von Wittwen und Waisen der Professoren war schlecht gesorgt. Unterm 13. April 1665 war zwar den Wittwen der Professoren und Academie-Bedienten zugestanden worden, daß sie noch ein ganzes Nachjahr das Gehalt beziehen, der Sterbetag und das Sterbejahr auch vom Tage der Bestattung ab gerechnet werden sollen. Gesuche um Unterstützung von Wittwen lassen aber darauf schließen, daß derartige Bezüge ebenso schlecht gezahlt worden sind, als die Gehälter. Vom 23. September 1750 liegt ein Rescript vor, worin die Allerhöchste Genehmigung zur Errichtung einer Wittwen- und Waisen-Casse ertheilt wurde; während der französisch-großherzoglichen Herrschaft machte man ähnliche Anstrengungen, mit der Lage der Hinterbliebenen von Professoren war es jedoch stets sehr mißlich bestellt. Am 20. Sept. 1812 wurde das Gnadenjahr für Professorenwittwen sogar ganz aufgehoben.

Laut Bestimmung aus dem Jahre 1679 sollten der Rector und die Professoren eigentlich von Einquartierung befreit sein, auch andere Lasten waren ihnen nicht aufzulegen. Viele Klagen liegen jedoch vor, daß diese Gesetze nicht befolgt worden waren. Im Jahre 1808 kam es sogar so weit, daß die Professoren zu den nächtlichen Wachtdiensten, wie jeder andere Bürger, herangezogen wurden. Bei Berufungen erhielten sie die Reise- und Transportkosten zu mäßigen Sätzen vergütet. Wie unsicher es mit ihren festen Einkünften bestellt war, mag man auch daraus ersehen, daß ihre Vergütung für die amtlichen Talarröcke auf die unsicheren Brüchtengelber der Stadt Duisburg angewiesen war.

Um über die Gehälter der Professoren außer den an anderen Stellen dieser Abhandlung gebrachten Mittheilungen noch einen weiteren Anhaltspunct zu liefern, mögen diese Bezüge aus dem Jahre 1775 hier folgen:

Namen	Professor der	Alter Jahr	Geburtsort	Bei der Univ. beschäft. Jahr	Gehalt Thlr. Silbr.
Peter Berg	Theologie	38	Bremen	11	403. 30
Chr. Lohmann	do.	31	Großh.-Berg	4½	434. 30
D. L. Eichmann	Jurisprud.	49	Berlin	24	320 und 50 als Senior der jurist. Facultät
Fr. Gottl. Schlechtendahl	do.	45	Lingen	23	270
Joh. Wil. Fried. Krafft	do.	33	Hanau	5½	270
Christ. Arend	Medicin	62	Magdeburg	34	270
Joh. Gott. Leidenfrost	do.	60	Stollberg	32	370
Jac. Schilling	Philosophie	72	Cleve	46½	270
Alb. Melchior	do.	54	Hanau	20	128
Ph. Laur. Withoff	Bibliothekar	49	Duisburg	4½	270

Von vielen Professoren der früheren Universität in Duisburg finden sich in den Acten derselben mehr oder minder vollständige Angaben über ihre Lebensverhältnisse. Diesen sind die nachstehenden Mittheilungen entnommen.

Joh. Phil. Carrach, in Halle von 1730–1758, dann in Duisburg, 1768 nach Kiel berufen und wieder entlassen, ging nach Wien, soll dort katholischer Priester geworden sein, was jedoch widerrufen ist. 30 Schriften von ihm sind aufgeführt.

Joh. Wil. Fried. Krafft, 1742 in Hanau geb., studirte in Marburg, wo er 1764 Doctor wurde, trat 1770 an Carrach's Stelle.

Joh. Hildebrand Witthof, geb. 1694 in Lengerich, studirte in Bremen und Utrecht, wurde 1718 Rector in Bommeln, 1720 Professor in Duisburg, starb 1769. Er hat sehr viel geschrieben und zwar philologische Abhandlungen, Reden, Gedichte, literargeschichtliche Aufsätze und Vermischtes.

Aug. Christ. Borheck, geb. 1751 in Osterode, studirte in Göttingen, wurde Rector in Cellerfeld und bekleidete dann Lehrerstellen in Salzwedel und Bielefeld, 1787 ernannte ihn die Universität in Marburg zum Doctor, 1790 Professor in Duisburg, legte seine Stelle nieder und ging nach Köln, wo er 1815 starb. Borheck hat sich Verdienste um die Geschichte des Großherzogthums Berg und der Stadt Duisburg erworben.

Phil. Joh. Ammendorf, 1749 Dr. und Professor in Duisburg, erhielt 1770 seinen Abschied, worauf er privatisirte und mit Erlaubniß der Universität Vorlesungen über Dogmatik hielt, starb 1784. 32 Schriften.

Fried. Krummacher, geb. 1768 in Tecklenburg, studirte zu Lingen und Halle, war Hauslehrer in Bremen, 1794 Conrector in Hamm und Rector in Moers, 1801 Dr. und Professor der Theologie, ging als Prediger nach Kettwig, wurde General-Superintendent in Bernburg und dann Pastor zu St. Ansgar in Bremen 1824, wo der berühmte Parabeldichter, nachdem er im Juni 1843 sein Amt niedergelegt hatte, am 4. April 1845 starb. Von ihm werden 28 Schriften angegeben.

Joh. Gottl. Leidenfrost, unbedingt einer der verdienstvollsten und geachtetsten Lehrer der Duisburger Hochschule. Geboren 1715 in Ortenberg*), Graffschaft Stollberg, wo sein Vater Prediger und Consistorial-Assessor war. Er studirte in Gießen, Leipzig und Halle zuerst Theologie, dann Medicin.

---

*) Nach anderen Angaben soll derselbe in Roßla geboren sein.

Er doctorirte 1741 in letzterem Orte, ging darauf nach Berlin und trat als Feldarzt bei der Armee in Schlesien ein. 1743 Professor in Duisburg. 1756 Mitglied der Königl. Academie, wirkte über ein halbes Jahrhundert segensreich als Professor und Arzt. An seinem fünfzigjährigen Jubelfeste überreichte ihm die Universität eine zu diesem Zwecke geschlagene Denkmünze. 69 Schriften sind von ihm aufgeführt, welche außer seinen scharfsinnigen Forschungen ihm einen großen Ruf in ganz Deutschland verschafften.

Peter Berg, 1737 in Bremen geb. und verwandt mit Gerhard Mercator und dem späteren Professor Blasius Merrem. Studirte in Bremen, Leyden und Göttingen, 1762 als Professor des Griechischen und der morgenländischen Sprachen in Bremen, dann 1763 in Duisburg, galt als tüchtiger Orientale (Arabisch) und Lateiner.

Verzeichniß der Rectoren der Duisburger Universität.

	Professor der
1655 Joh. Clauberg,	Theol.,
6 Herm. Rhamacker,	Jurispr.,
7 Martin Hundius,	Theol.,
8 Joh. Bernh. Daniels,	Medicin,
9 Joh. Clauberg II.,	
1660 Samuel ab Dieft,	Philos. und Theol.,
1 Johannes Weyerstraß,	Jurispr.,
2 Wirich Scriba,	Medicin,
3 Joh. Godf. Langenberg,	Jurispr.,
4 Mart. Hundius II.,	
5 Gerh. Feltmann,	Jurispr.,
6 Christoph Fried. Crell,	Philos. und Theol,
7 Wirich Scriba II.,	
8 Johannes Mensinga,	Kirchengesch. u. des Griech.,
9 Joh. Herm. Hugenpoth,	Philos. und Theol.,
1670 Gerh. von Maestricht,	Jurispr.,
1 Chr. Fr. Crell II.,	

		Professor der
1672	Henr. Mumsen,	Philos.,
3	Peter von Maestricht,	Philos. und Theol.,
4	J. G. Langenberg II.,	
5	Fried. Gottf. Barbeck,	Philos. und Medicin,
6	Henr. Frentz,	Beredf. u. griech. Spr.,
7	Chr. Fried. Crell III.,	
8	Wilh. Cruse,	Philos. und Jurispr.,
9	Henr. Mumsen II.,	
1680	Joh. Jacob Gantesvil,	Philos. und Theol. und der hebr. Spr.,
1	Gerh. von Maestricht II.,	
2	Fried. Gottf. Barbeck II.,	
3	Adrian Ludw. à Becker,	Philos., Jurispr. u. Math.,
4	Chr. Fried. Crell IV.,	
5	Wilh. Cruse II.,	
6	Joh. Jac. Gantesvil,	
7	Arnold von Brandt,	Jurispr.,
8	Fried. Gottf. Barbeck III.,	
9	A. L. à Becker II.,	
1690	Henr. Hulsius,	Theol.,
1	Wilh. Cruse III.,	
2	Chr. Fried. Crell V.,	
3	Joh. Mauritz Crell,	Jurispr.,
4	Fried. Gottf. Barbeck IV.,	
5	Henr. Christian de Hennin,	Medicin, Beredf. und griech. Spr.
6	Henr. Hulsius II.,	
7	Wilh. Cruse IV.,	
8	Ad. Lud. à Becker III.,	
9	Joh. Maur. Crell II.,	
1700	Fried. Gottf. Barbeck V.,	
1	Clemens Berg,	Jurispr. und Philos.,
2	Henr. Hulsius III.,	
3	Henr. Christ. de Hennin II. (starb während des Rectorats),	
4	Henr. ab Erberfeld,	hebr. Spr. und Philos.,
5	Carl Otto Thyllius,	Jurispr.,
6	Clem. Berg II.,	

		Professor der
1707	Henr. Hulsius IV.,	
8	Henr. Hulsius V.,	
9	Casp. Theob. Summermann,	Jurispr.,
1710	Mart. Joa. Haesbart,	Medicin,
1	Jacob Wittich,	Philos. u. Mathem.,
2	Henr. Hulsius VI.,	
3	Fried. Gottf. Sylvester Erckels,	Medicin,
4	Henr. Maßkamp,	Gesch., Beredf. u. griech. Sprache,
5	Christoph Raabe,	Theol.,
6	C. Ant. Summermann II.,	
7	Henr. Hulsius VII.,	
8	Fr. Gottf. Syl. Erckens II.,	
9	Christ. Raabe II.,	
1720	Casp. Th. Summermann III.,	
1	Joh. ab Hamm,	Theol. u. orient. Spr.,
2	Joh. Christian Loërs,	Theol.,
3	Gottl. Ephraim Berner,	Medicin,
4	C. Ant. Summermann IV.,	
5	Joh. Hildebrand Withof,	Gesch., Beredf. u. griech. Sprache,
6	Joh. Chr. Loërs II.,	
7	Henr. Philipp Zaunschliffer,	Jurispr.,
8	Gottl. Ephraim Berner II.,	
9	Joh. ab Hamm II.,	
1730	Christoph ab Raab III,	
1	Jacob Eck,	Jurispr.,
2	Johann Arnold Timmermann,	Medicin,
3	Joh. Jac. Schilling,	Phil. und Mathem.,
4	Wilh. Neuhaus,	Theol.,
5	Henr. Theod. Pagenstecher,	Jurispr.,
6	Gottl. Ephr. Berner III.,	
7	Joh. Hildeb. Withof II.,	
8	Joh. Christian Loërs III.,	
9	Casp. Th. Summermann V.,	
1740	Joh. Arn. Timmermann II.,	
1	Joh. ab Hamm III.,	
2	Christoph ab Raab IV.,	

                                    Professor der
1743 Henr. Th. Pagenstecher II.,
   4 Joh. Jac. Schilling II.,
   5 Joh. ab Hamm IV.,
   6 Casp. Th. Summerman VI.,
   7 Christian Arend Scherer,   Medicin,
   8 Joh. Hildebrand Withof III.,
   9 Peter Janßen,   Theol.,
1750 Henr. Th. Pagenstecher III.,
   1 Joh. Gottl. Leidenfrost,   Medicin,
   2 Joh. Jac. Schilling III.,
   3 Joh. ab Hamm V.,
   4 J. A. Guinand Pagenstecher, Jurispr.,
   5 Christian Arn. Scherer II.,
   6 Joh. Hilb. Withof IV.,
   7 Joh. Hilb. Withof V.,
   8 Peter Janßen,   Theol. und Kirch. Gesch.,
   9 O. L. ab Eichmann I.,
1760 J. G. Leidenfrost II.,
   1 Joh. Alb. Melchior,   Philos.,
   2 Fried. Gottf. Schlegtenbahl I., Jurispr.,
   3 Christian Arend Scherer III., Medicin,
   4 Joh. Jacob Schilling IV.,
   5 Phil. Jac. Ammendorf,   Theol.,
   6 Philipp be Carrach,   Jurispr.,
   7 J. G. Leidenfrost III.,
   8 J. H. Withof VI.,
   9 Joh. Peter Berg,   Theol.,
1770 G. A. F. Schlegtenbahl II.,
   1 Chr. A. Scherer IV.,
   2 J. Alb. Melchior II.,
   3 Jac. Ammendorf II.,
   4 J. W. Fr. Krafft,   Jurispr.,
   5 J. G. Leidenfrost IV.,
   6 J. Ph. Laur. Withof,   Beredf. und Gesch.,
   7 J. P. Berg II.,
   8 Schlegtenbahl III.,
   9 Schilling V.,
1780 Krafft II.,

		Professor der
1781	Leidenfrost V.,	
2	Melchior III.,	
3	Peter Berg III.,	
4	Schlegtenbahl IV.,	
5	Günther,	Medicin,
6	Joh. Laur. Wilhof II.,	
7	Grimm,	Theol.,
8	Krafft III.,	
9	Berg IV.,	
1790	Hagemann,	Jurispr.,
1	Günther II.,	Medicin,
2	Merrem,	Philos.,
3	Pet. Moeller,	Theol.,
4	Schlegtenbahl V.,	
5	Carstanjen,	Medicin,
6	Plessing,	Philos.,
7	Grimm II.,	Philos.,
8	Krafft IV.,	
9	Günther III.,	
1800	Merrem II.,	
1	Wil Peter Moeller II.,	
2	Bierdemann,	Jurispr.,
3	Carstanjen II.,	
4	Plessing II.,	
5	Grimm III.,	
6	Adolf Krafft V.,	
7	Günther IV.,	
8	Bierdemann II.,	
9	Carstanjen III.,	
1810	Grimm IV.,	
1	Günther V.,	
2	Bierdemann III.,	
3	Carstanjen IV.,	
4	Günther VI.,	
5	Bierdemann III.,	
6	Carstanjen V.,	
7,8	Günther VII.	

Die hundertjährige Jubelfeier der Duisburger Universität.

Am 15. October 1755 war es der hundertste Jahrestag, daß die Universität in Duisburg feierlich eingeweihet worden war. Es wurde beschlossen, diesen Ehrentag, wie es auch bei anderen Hochschulen Sitte war, festlich zu begehen. Man hatte sich deshalb bei jenen Anstalten, welche bereits eine solche Feier begangen hatten, nach den Formen erkundigt, unter welchen sie vor sich gegangen war, und richtete die Vorbereitungen genau nach den herkömmlichen Gebräuchen ein. Der König Friedrich Wilhelm hatte auf ein an ihn gerichtetes Gesuch gern seine Genehmigung dazu ertheilt. Mehrere Wochen vorher erließ man Einladungen an alle protestantischen Hochschulen des deutschen Vaterlandes, worin man ihnen von dem bevorstehenden freudigen Ereignisse Kunde gab. In diesem von dem damaligen Rector magnificus Professor Dr. Johann Alex. Guinandus Pagenstecher lateinisch ausgefertigten Schreiben wird die Duisburger Universität nicht als Teutoburger, sondern als Friedrich Wilhelm's Hochschule bezeichnet. Es gingen glückwünschende lateinische Antworten von Altdorf, Erfurt, Erlangen, Frankfurt, Gießen, Göttingen, Greifswalde, Heidelberg, Helmstädt, Jena, Kiel, Leipzig, Marburg, Königsberg i. Pr., Rintelen, Rostock, Tübingen, Bremen, Hamm, Herborn, Lingen und Burgsteinfurt ein. Auch die Königl. deutsche Gesellschaft in Königsberg i. Pr., an deren Spitze der Professor Coelestin Christian Flotwell als Director stand, hatte nicht verfehlt, ein deutsches Dankschreiben an die Duisburger Universität zu richten

Der Cleve'schen Regierung, deren Präsidenten und Räthe man ebenfalls ersucht hatte, der Feier beizuwohnen, reichte der Rector den Plan ein, wonach die Festlichkeiten im großartigen Maßstabe begangen werden sollten. Derselbe fand allgemeine Zustimmung, auch wurde die Betheiligung an der Feier fest zugesagt. Der Magistrat, Burgemeister und die Stadträthe von Duisburg versprachen, den academischen Senat nach Kräften zu unterstützen, um die Feier in würdigster Weise in's Werk zu setzen, vor Allem aber für die nöthige Ordnung

Sorge zu tragen und die Bürgerschaft zu veranlassen, das Ihrige zur Verherrlichung der Tage zu thun. Der Senat hielt es auch für unumgänglich, eine Ansprache an die Studenten zu halten, worin ihnen eine väterliche Mahnung ertheilt wurde, ihrem gebildeten Standpuncte Rechnung zu tragen und alle Ungehörigkeiten zu vermeiden. Diese Aufforderung ließ man durch den Pedell an den Thüren der Hörsäle anschlagen, und sie hatte auch gute Wirkung. In derselben war ausgesprochen, daß man diese Maßregel deshalb hauptsächlich für nöthig halte, weil voraussichtlich eine unglaubliche Menschenmenge beiderlei Geschlechts sich einfinden werde und man Alles vermeiden müsse, wodurch ein Makel auf die Feier geworfen werden könne.

Zwei Tage vor dem Feste meldeten die Spitzen der Cleve'schen Regierung noch besonders ihre festgesetzte Ankunft an und man traf große Anstalten, um sie im feierlichen Zuge vom Rheine abzuholen und zur Stadt zu geleiten. Fünfzig gut berittene Studenten auf prächtig geschmückten Pferden hatten sich vereinigt, um in guter Ordnung nach Essenberg am Rhein sich zu begeben, wo die hohen Herren landen sollten. Die städtischen Junggesellen hatten unter Führung eines Officiers eine Fußabtheilung gebildet, welche sich ihnen anschloß. Der Regierungs-Präsident und Universitäts-Curator von Raesfeld, sowie der zweite Curator Herr von Koenen, der Director von Deutecom, die Geheimräthe Summermann, von Forell, Bergius, Elvers und Haesbart, sowie viele andere Räthe und Gelehrte waren auf der linken Rheinseite bis gegenüber Essenberg gefahren und ließen sich dort über den Strom setzen. Das herrlichste Wetter begünstigte den Empfang, zahlreiche Wagen waren am Rhein aufgestellt, um die willkommenen Gäste unterzubringen. Nachdem die Herren aus der Barke gestiegen waren, hielt einer der Studenten eine Bewillkommnungsrede an sie, dann setzte sich der stattliche Zug unter Pauken- und Trompetenschall in Bewegung. Eine ungeheuere Menschenmenge hatte sich eingefunden, die Wege und Straßen wogten, alle Häuser vor und in der Stadt waren festlich geschmückt. Ueberall sah man die Fenster mit zuschauenden Männern, Frauen, jungen Mädchen und Kindern im Festanzuge besetzt, die dem Festzuge zujubelten. Ein solches

Schauspiel hatte Duisburg seit Menschengedenken nicht erlebt. Die berittenen Studenten eröffneten den Zug, ihnen folgten die Gäste und die Junggesellen-Abtheilung bildete den Schluß. Der städtischen Jugend rechnete man es hoch an, daß sie ihr alljährliches Scheibenschießen, welches sie gewöhnlich im Hochsommer zu feiern pflegten, auf diese Tage verlegt hatte, um auch in anderer Weise die Festfeier zu erweitern. Dieses Schießfest sollte gewissermaßen eine Art Vorfeier abgeben, um die frühzeitiger angekommenen Gäste zu belustigen.

Es ist erklärlich, daß bei den damaligen schwierigen Verkehrsverhältnissen besonders die von weiterher anlangenden Fremden sich beeilt hatten, ihre Reise so einzurichten, daß sie eher einige Tage vor dem Beginn der Feier eintrafen. So war denn die Stadt, welche auf einen derartigen Massenbesuch nicht berechnet war, schon am 13. October überfüllt von Festgenossen und Neugierigen. Von Nahe und Ferne kamen sie zusammen, namentlich lieferten die früheren Studenten ein zahlreiches Contingent. Wer nur ein Stübchen über den Nothbedarf zur Verfügung hatte, gab es her. Dieser große Fremdenzuspruch kam dem Scheibenschießen sehr zu Gute.

Früh Morgens am 13. October hielten die Junggesellen unter Musikbegleitung einen großen Aufzug durch die Stadt und begaben sich dann zum Schützenplatze, wo den ganzen Tag hindurch ein frohes Leben herrschte. Um 5 Uhr Abends aber begannen alle Glocken der Stadt zu läuten, zum Zeichen, daß das Universitätsfest nun seinen Anfang nehme.

In gleicher Weise wurde auch der 14. October, der eigentliche Stiftungstag, durch stundenlanges Schlagen aller Glocken um 5 Uhr Morgens angezeigt. Das große Auditorium der Universität war besonders festlich geschmückt und in Stand gesetzt, vor dem Gebäude selbst hatte man ein großes Gerüste in der Art eines Triumphbogens, reich mit Emblemen und Malereien verziert, errichtet, woran man seit den letzten Wochen unausgesetzt bei Tage und Nacht gearbeitet hatte. Ein großes Thor führte durch diese Ehrenpforte gerade auf die Thür des Universitätsgebäudes zu; theils durch aufgestellte Maien und Bäume, theils durch Malerei war ein grüner Laubweg gebildet worden, wodurch der Festzug seinen Ausgang nehmen sollte. Der Bogen war 30 Fuß hoch und bot durch seine geschmackvolle Form und Verzierung einen äußerst freundlichen Anblick.

Die Festgenossen waren aufgefordert worden, sich um 7½ Uhr Morgens in dem großen Hörsaale zusammen zu finden. Alle Mitglieder der Collegien, sowie eine große Anzahl angesehener Fremden trafen auch rechtzeitig ein. Die sämmtliche Bürgerschaft hatte sich auf dem Burgplatze mit fliegenden Fahnen und „rührendem Spiele" in's Gewehr gestellt und besetzte, als das Zeichen des Ausganges des Festzuges mit den Glocken gegeben wurde, in zwei Reihen die Straßen vom großen Hörsaale bis zur Salvatorkirche über den Burgplatz. Sie bildete mehrere Compagnien. Die Junggesellen dagegen hatten sich als Wachtposten zur Verfügung gestellt und als Ehrengarden ihren Stand an den Thoren und inneren Hauptposten der Kirche genommen, um die erforderliche Ordnung zu handhaben. Auf dem Vorhofe der Universität hatte sich die studirende Jugend versammelt, sie eröffnete unter Anführung von acht Marschällen, welche sie aus ihrer Mitte erwählt hatte, den Festzug. Hinter den Studenten, welche eine lange Reihe ausmachten, gingen die Candidaten, die bei dieser Feier die Doctorwürde erhalten sollten. Sie waren nach den verschiedenen Facultäten geordnet und trugen auch deren Farben. Von zwei Marschällen aus dem Kreise der Studenten geführt, erschienen dann die Präsidenten und Geheimräthe der Landesregierung. Ihnen folgten die beiden Pedellen, welche dem Rector magnificus und dem ihm zur Seite gehenden Mitcurator Hofrath Turck die silbernen Scepter vortrugen. Sämmtliche Professoren in der Amtstracht ihrer Facultäten, der Universitäts-Rentmeister und Secretair schlossen sich denselben an. Nach dem Anfangs festgestellten Plane hatte man den nächsten Platz in der Reihenfolge dem städtischen Magistrate zugedacht, es scheint jedoch eine kleine Rangstreitigkeit vorgekommen zu sein. Eine Menge ansehnlicher Personen, Freiherren, höhere königliche Räthe und Beamten mit ihrem Gefolge hatten sich noch in den letzten Tagen zur Betheiligung an dem Zuge gemeldet und man glaubte deren Stellung Rechnung tragen zu müssen. Der Magistrat war deshalb ersucht worden, seinen Platz diesen vornehmen fremden Gästen zu überlassen was er bereitwillig that. Die Burgemeister und sämmtliche Scheffen der Stadt mit dem ganzen Gefolge der Beamten und Zugehörigen traten nach ihrer Rangordnung auf. Nächst ihnen gingen nach ihrem Alter die protestantischen Prediger der Stadt und Umgegend, worauf die Lehrmeister für die Leibesübungen, die Buchdrucker, Buchhändler, Kaufleute und Künstler folgten, welche zur Universität in näherer Beziehung standen. Die unteren Bedientesten der Hochschule und eine unabsehbare Menge Volkes, Fremder und Einheimischer, beschloß den stattlichen Zug, welcher durch Reichthum und Abwechselung der Trachten ein sehenswerthes Schauspiel bot.

Unter dem Geläute aller Glocken und abwechselndem Spiele der Musikcorps der Bürgerschaft bewegten sich die Festgenossen im feierlichen Gange nach der großen Kirche, wo ein Jeder den ihm zugewiesenen Platz einnahm. Von der Orgel wurde unter Trompeten- und Paukenschall ein kurzes Concert aufgeführt, dann sangen die Anwesenden im vollen Chore die letzten Verse des 77. Psalmes.

Der Professor der Theologie Petrus Janssen hatte es übernommen, die Festpredigt zu halten und die Worte der Schrift Joh. 7 V. 37 und 38 zum Vorwurf auserwählt: „Wen da dürstet, der komme zu mir und trinke, wer an mich glaubt, wie die Schrift sagt, von dessen Leibe werden Ströme lebendigen Wassers fließen." Die Ausführung wird als eine gelehrte, erbauliche und mit vieler Wohlredenheit ausgeschmückte Predigt geschildert. Da dieselbe gedruckt worden und zur Zeit noch vorhanden ist, so ist der Maßstab gegeben, um sich über den Inhalt und die thematische Bearbeitung derselben ein Urtheil zu bilden. Unseren Zeitgenossen dürfte sie im Allgemeinen mehr als ein weitschweifiger Ausfluß einer wunderlichen Gelehrsamkeit erscheinen, der weniger dem tiefen Gemüthsleben und einer den menschlichen Verhältnissen angemessenen Logik entsprungen ist. Sie erhob sich jedenfalls nicht über ähnliche Ausarbeitungen theologischer Weisheit der damaligen Zeit hinaus. Wie sich denken läßt, war die große Kirche bis zum letzten Winkel besetzt. Es wird gerühmt, daß der von der ganzen frommen Versammlung demnächst angestimmte Gesang: „Herr Gott, Dich loben wir" einen gewaltigen und erhebenden Eindruck gemacht habe. Als die Gemeinde und der Festzug sich zum Rückgange aus der Kirche anschickte, begann die Musik wieder unter Begleitung der Orgel zu spielen, die noch draußen in Reihen aufgepflanzte Bürgerschaft aber trat in's Gewehr und schloß sich demnächst dem nach der Universität zurückkehrenden Zuge an.

Im großen Hörsaale begann dann der weltliche Theil der Feier. Der Professor der Beredsamkeit, des Alterthums und der griechischen Sprache Withof bestieg den Katheder und hielt eine lange lateinische Rede, worin er über die Einweihung, die Geschichte der Universität und das Leben der Professoren Aufschluß gab, welche vielen Anklang fand und später in das Festprogramm aufgenommen worden ist. Nach Beendigung dieses Vortrages begaben sich die Theilnehmer nach Hause. Mittags war in dem Bürschel'schen Hause, das die größten Räume darbot, ein Festessen angeordnet, an welchem auch viele angesehene und vornehme Damen Theil nahmen. Wie berichtet wird, hat sich die Tafel nicht durch übergroße Üppigkeit ausgezeichnet, sie war aber gut besetzt und vor Allem fehlte es nicht an guten Weinsorten. Im Ganzen herrschte eine ernste Stimmung, wie es solchen ehrwürdigen und gelehrten Herren zukam, zugleich heißt es aber auch, daß witzige Köpfe zugegen gewesen seien, welche die Gelegenheit gewiß nicht versäumt haben werden, ihrer humoristischen Ader zu passender Zeit freien Spielraum zu lassen.

Während der Mittagstafel zog die Bürgerschaft in geordnetem Zuge mit Musik draußen vor die Stadt auf den Wall, um sich in ihrer Weise zu belustigen und zur Verherrlichung des Festes beizutragen. Man hatte diesen Platz auserwählt, um alle Gefahr von der Binnenstadt fern zu halten. Dort löste man Kanonen, um auch der Umgegend von der Feier Kunde zu geben, und schoß unaufhörlich Gewehrsalven ab. Als jedoch der Abend anbrach, begab sich ein Jeder nach Hause, um zu der zu veranstaltenden großen Beleuchtung Vorkehrung zu treffen.

Diese soll über alle Beschreibung prächtig ausgefallen sein. Das schönste Wetter begünstigte dieselbe, kein Wind störte die ruhig brennenden Tausende von Kerzen, Oellämpchen und Lampions, welche an dem Triumphbogen, an freistehenden Pyramiden, Gerüsten und Säulen und vor und hinter den

Fenstern aller Häuser angebracht waren. Eine zahllose Menschenmenge wogte bis spät in die Nacht hinein auf den Straßen, die heller erleuchtet waren, als bei vollem Sonnenscheine. Vor Allem wird die große Ordnung gerühmt, welche überall herrschte. Kein unbändiges Rufen, kein Lärm beleidigte das Ohr, kein verwegener Schuß fiel, kein Trunkener soll sich auf den Straßen haben sehen lassen. Die Aufführung der Bürgerschaft ist, wie berichtet wird, eine musterhafte gewesen, einen Theil dieses schönen Erfolges glaubte man aber dennoch den umsichtigen Vorkehrungen der städtischen Behörde schuldig zu sein. Alle Plätze und Hauptstraßen waren nämlich durch Wachtmannschaften besetzt, welche angewiesen waren, jeder allenfalls entstehenden Unordnung entgegen zu treten.

Zahlreiche Transparente mit lateinischen und deutschen Inschriften, symbolische Darstellungen sah man aller Orten. Durch farbige Kugeln war eine Abwechselung geschaffen, die das Auge der Beschauer erfreute. Wir besitzen noch eine genaue und in's Einzelne gehende Beschreibung dieser Beleuchtung, welche wirklich ein glänzendes Zeugniß davon abgiebt, wie viel aufgeboten worden ist, um diesen Theil der Festfeier so sinnreich und prächtig wie möglich zu machen. Vor Allen zeichnete sich wohl die Beleuchtung der Universität und des vor derselben errichteten Triumphbogens aus. Neben dem Portale desselben hatte man zwei mit farbigem Papier beklebte Säulen von 14 Fuß Höhe aufgestellt, worüber sich eine Pyramide erhob. In einem viereckigen Felde über dem Portale war eine lateinische Inschrift „zu Ehren Friedrich's" angebracht, oberhalb desselben befand sich ein zweites, zugespitztes Feld, in dessen Mitte das Siegel und das Wappen der Universität gemalt waren. Neben denselben las man folgende Worte:

„Academia in hac urbe a Serenissimo glor. mem. Principe Friderico Wilhelmo A⁰ 1655 die 14 Oct. fundata et aperta."

Auf anderen schief liegenden Vierecken zeigte sich zur Rechten Minerva mit einem Schilde, auf dem sich ein Medusenkopf befand, einem Speere und zur Seite eine Eule und ein Hahn. Zur Linken war Janus mit den beiden Köpfen gemalt, um den Wechsel des Jahrhunderts anzudeuten. Auf anderen Feldern war der Helicon mit Apollo und den Musen zu sehen.

Eine oben angebrachte Kuppel führte die Inschrift: „Dem Apollo und den Musen". Tausende von Flammen erleuchteten die theilweise durchsichtigen Bilder. Die Häuser des Justizraths Turck, des Ober-Bürgermeisters Schaumburg, der Frau von Pempelforth, der Schöffen Scriba und zum Brinck, des Buchhändlers Pöltiger, der Kaufleute Fabricius, Carstanjen und Vinmann, des Buchhändlers Ovenius, des Hofraths Voß, des kölnischen Posthalters Heyermann, der Herren Weinhändler Buchholtz und Universitäts-Buchdrucker Straube auf der Oberstraße und viele Andere werden einzeln aufgeführt. Namentlich hatten die Professoren geglaubt, sich besonders durch mehr oder weniger geistreiche oder zopfartige Bilder und Inschriften hervor thun zu müssen. Der Rector magn. Professor Pagenstecher scheint vor Allem keine Kosten und keine Mühe gescheut zu haben, um seiner Würde genug zu thun. Eine lateinische Inschrift hieß: „Es lebe König Friedrich der Triumphator, der Beschützer des Helicons (vivat Fridericus rex Triumphator Heliconis conservator)!"

Ein entsprechendes, von Laubgewinden umkränztes transparentes Bild des Musenberges gab die Erläuterung dazu. Ein zweites Bild, welches eine Frauensperson in Purpur gekleidet darstellte vor einem brennenden Altar mit der Ueberschrift: „Gratias pro præteritis, vota pro futuris", zeugt vielleicht von seinem practischen Sinne, indem er für das Gedeihen der Universität viele Wünsche auf dem Herzen haben mochte. Die übrigen Professoren, Janssen, Eichmann, Withof, Leidenfrost, Melchers, waren auch bestens bemüht gewesen, ihre Wohnungen zu schmücken. Die Oberstraße und das sogenannte Stapelquartier müssen besonders prächtig ausgesehen haben. Merkwürdig ist es, daß der Weinhändler und Fabricant Buchholtz ganz verschieden von allen seinen Mitbürgern, welche lateinische oder deutsche Inschriften gewählt hatten, nur auf französische Sprüche verfallen war. Sie lauteten: Notre père soit protecteur — La fleur de l'Université — Notre occupation (mit einem Bilde, wo Schafe auf einem Berge weideten und am Fuße desselben wollene Tücher ausgebreitet waren); avec plaisir (mit einem Bilde, welches ein Weinfaß vorstellte). Der Herr benutzte die Gelegenheit also auch zu einer gewissen Reclame für sein Geschäft.

Eine Menge Chronogramme deuteten auf die Jubelfeier des Tages. Auch komische Verse kamen vor. So hatte der Universitäts-Secretair Bungart unter einem Gemälde, worauf man die Ruhr und den Rhein fließen sah, die Worte gesetzt:

Das Alte fließt vorbei,
Gott giebt es wieder neu.

Dieser Herr besaß jeden Falles ein zufriedenes Gemüth. Die ganze Stadt ertönte während des Abends von Musik und Festjubel. Der Feldmarschall und Gouverneur von Wesel, Freiherr von Dossow, war dem Wunsche der Universität entgegengekommen und hatte ihr sein vollbesetztes Musikcorps überlassen. Die Studenten hatten sich ebenfalls ein solches kommen lassen und auch die Bürgerschaft, sowie die Junggesellen-Abtheilung waren frühzeitig darauf bedacht gewesen, sich mit Musik zu versehen. So fehlte es nicht an Gelegenheit, sich in eine heitere Stimmung zu versetzen, und diese wurde von Allen reichlich benutzt. Bis Mitternacht dauerte die allgemeine Beleuchtung, dann aber herrschte tiefe Ruhe in der Stadt.

Der 15. October war stets der Tag, an welchem der Wechsel des Rectorates an der Universität stattfand. Dieses Mal sollte dieser Act mit besonderer Feierlichkeit vorgenommen werden. Um 10 Uhr Vormittags versammelten sich die Präsidenten und Geheimräthe sowie die oberen Beamten der benachbarten Moerser Regierung, die Professoren und die Mitglieder des Magistrats und viele andere vornehme Fremde und Einheimische im großen Hörsaale der Universität. Der abtretende Rector magn. Prof. Pagenstecher hielt eine gelehrte lateinische Rede »de Seculo« und übertrug dann mit dem Mantel, Scepter und den Insignien die Gewalt an seinen Nachfolger, den Professor der Medicin Scherer. Der letztere stellte in seiner darauf gehaltenen Ansprache eine Vergleichung über einen guten Richter und Mediciner an. Mittags hatte der neu ernannte Rector Scherer die vornehmsten Gäste zur Tafel geladen, wobei eine Gesandtschaft der Studirenden erschien, um eine aus ihren Kreisen hervorgegangene deutsche Festode in feierlicher Weise zu überreichen. Dieselbe war von einem Mitgliede der deutschen Gesellschaften zu Göttingen und Bremen, Namens Hermann, verfaßt und verherrlichte den großen Kurfürsten und den damaligen König von Preußen als Stifter und Gönner der Universität. Die Ode ist in etwas überschwänglicher Weise gehalten, wie man es in allen derartigen dichterischen Erzeugnissen jener Zeit zu sehen gewohnt ist.

Den dritten und letzten Tag des Festes hatte man dazu ausersehen in öffentlicher feierlicher Sitzung einzelnen verdienten Leuten aus jeder Facultät die Doctorwürde zu verleihen. Die Professoren waren darin überein gekommen keine lange Reden zu halten, wie es sonst bei dieser Gelegenheit Sitte ist, da es vielen Gästen daran gelegen war wieder heim zu reisen. Um 9 Uhr Morgens wurde die Feier durch den Professor der Theologie Ammendorf eröffnet, welcher nach kurzer Ansprache dem Lehrer der orientalischen Sprachen und der Theologie an der Hochschule zu Hamm Heinrich Gottfried Rocholl den Doctortitel verlieh. Der zweite Candidat, früherer Professor der Kirchengeschichte zu Herzogenbusch und dann reformirter Prediger in Cleve, war am Erscheinen verhindert. Der Professor der Heilkunde Leidenfrost führte sechs Candidaten auf den Katheder: Johann Georg Schultze aus Altena, Johann Wilhelm Chevallier aus Mülheim a. d. Ruhr, Johann Fabricius aus Moers, Johann Christian Schultze aus Altena, Nicolaus Caspar Saalmann aus Brekerfeld und Ernst Heinrich Davidis aus Dortmund. Der Professor der Philosophie Schilling verlieh vier Candidaten den Titel eines Magisters der freien Künste und die Würde eines Doctors der Weltweisheit. Von denselben waren anwesend der Rector des Gymnasiums in Wesel Christoph Albert Eichelberg, welcher sich durch ein von ihm verfaßtes Lehrbuch der Logik verdient gemacht hatte, und der Lehrer der Weltweisheit an der Hochschule zu Herborn, Johann Philipp Schneider. Die beiden Anderen Heinrich Christian Schütte, Arzt in Cleve und Christoph Melchior Schmidtbauer aus Nürnberg, welcher sich durch mehrere Schriften ausgezeichnet hatte, wurden in Abwesenheit zu Doctoren ernannt. Im Namen sämmtlicher mit dieser Würde Belehnten hielt der Rector Eichelberg die übliche Danksagungsrede. Ein allgemeiner Doctorschmaus vereinigte die meisten angesehenen Gäste und Professoren dann noch Nachmittags an einer großen Tafelrunde, womit die ganze Jubiläumsfeier beendigt wurde.

Die Universitäts-Verhältnisse am Schlusse des vorigen Jahrhunderts.

Der Einfall der französischen Revolutionsheere in die Rheinlande, welcher im October 1794 stattfand, blieb nicht ohne großen Einfluß auf den Besuch der Hochschulen. Die Studenten begaben sich zum großen Theile wieder in ihre Heimath, und die Hörsäle standen leer. Wenn auch einige Professoren ihre Vorlesungen forthielten, so war doch in jener wüsten Zeit an eine geregelte Handhabung der academischen Ordnung nicht zu denken. Selbst einige Professoren entfernten sich auf kürzere oder längere Zeit aus den gefährdeten Gegenden. So war es auch an den nahen Universitäten zu Bonn und Köln der Fall. Duisburg hatte den Vortheil nur eine sehr kurze feindliche Uebergangsperiode durchzumachen, weil es sich unter preußischer Herrschaft befand. Der König Friedrich Wilhelm war nämlich darauf bedacht durch Abschließung eines Sonderfriedens, wozu bereits im December 1794 durch den Grafen von der Goltz die Vereinbarung in Basel angebahnt wurde, die französischen Heere von seinen Landen fern zu halten. Als die Ruhe demnächst gesichert war, lesen wir von einer Friedensfeier, welche von Seiten der Universität in Duisburg veranstaltet wurde. Man hielt einen Dankgottesdienst ab und zugleich ein academisches Fest, wobei der Professor der Beredtsamkeit eine Rede hielt, welche gedruckt wurde und von der ein feiner Abdruck im Prachtbande dem Könige und dem Kronprinzen überreicht wurde. Diese Feier verlief in der würdigsten Weise.

Bei einer anderen Feier, welche im Jahre 1797 bei Gelegenheit des Todes König Friedrich Wilhelms II. stattfinden sollte, ereigneten sich jedoch Vorfälle, welche eine eigenthümliche Beleuchtung auf die Universitätsverhältnisse in Duisburg werfen. Ob der academische Senat von der preußischen Regierung aufgefordert worden war eine Trauerfeier zu veranstalten oder ob er aus eigenem Antriebe sich dazu entschlossen hatte, ist aus den Schriftstücken nicht deutlich zu ersehen. Der Senat richtete an den Professor der Beredtsamkeit Vorheck, welchem es oblag bei derartigen Gelegenheiten die Festrede zu halten, die Aufforderung dieser Verpflichtung nachzukommen. Borheck schrieb jedoch einen äußerst groben Brief an den Rector magnificus. In demselben sagt er, daß es ihm unbegreiflich sei, wie man von ihm verlangen könne eine öffentliche Rede zu halten. Zuerst möge man dafür Sorge tragen, daß er sein seit fünf Monaten rückständiges Gehalt ausgezahlt erhalte. Nicht eher werde er eine öffentliche Arbeit übernehmen, bis er vollständig befriedigt worden sei, da er „himmelschreiend" gedrückt werde. Er müsse für Buchhändler arbeiten, welche ihn für seine Schriften bezahlten. Borheck entwickelte wirklich eine umfangreiche Thätigkeit auf geschichtlichem Felde. Besonders für die Geschichte des Cleve-Jülischen Landes und namentlich Duisburgs hatte er sich Verdienste erworben, welche auch jetzt noch Anerkennung finden. Zu diesem Schritte der Eigenmächtigkeit, welcher kein günstiges Licht auf seinen Character wirft, war Borheck um so weniger berechtigt, als nach Ausweis der Beläge sein Gehalt wirklich verausgabt, aber an seine vielen Gläubiger zu deren Befriedigung vertheilt worden war. Ob diese Maßregel auf höherer Verfügung beruhte, ist nicht klar, jeden Falles, so sollte man glauben, konnte sie nur mit seiner Genehmigung ins Werk gesetzt werden. Somit hatte er keinen Grund sich darüber zu beschweren, die damaligen drückenden Verhältnisse mögen jedoch einigermaßen als Entschuldigungsgrund für seinen Mißmuth und sein Verfahren gelten. Die Regierung behandelte ihn trotz seines schroffen Auftretens mit einer gewissen Rücksicht, und dieser Umstand ist vielleicht ein Beweis, daß eine Art Härte gegen ihn ausgeübt worden ist, die man nicht auf die Spitze treiben wollte.

Der academische Senat beschwerte sich über dieses pflichtwidrige Benehmen Borhecks bei der Landesregierung in Emmerich und reichte unterm 19. December 1797 sogar eine Klageschrift nach Berlin ein, welche von sämmtlichen anderen Professoren der Universität unterschrieben war und zwar von dem Rector Grimm und den Herren Schlegtendahl, Carstanjen, Plessing, Möller, Merrem, Berg, Krafft, Vierdemann und Günther. In einer Art maliiösen Weise erbot sich schließlich Borheck, nachdem er vorher den Vorschlag gemacht hatte der Senat möge einem anderen Professor denselben Auftrag geben, er wolle die Arbeit übernehmen, wenn Keiner im Stande sei eine Rede zu entwerfen, halten werde er sie aber nicht.

Die Regierung in Emmerich verfügte unterm 12. December 1797 Vorheck solle sich sofort zur Haltung der Trauerrede verstehen, sonst werde ein anderer Professor auf seine Kosten mit dieser Ehrenarbeit beauftragt. Vorheck reichte eine Vertheidigungsschrift nach Berlin ein. Durch diese Streitigkeiten war viele Zeit verloren und der günstige Augenblick verpaßt. Diese Angelegenheit wurde schließlich dahin ausgeglichen, daß von Berlin aus unterm 2. Januar 1798 bestimmt wurde, da die Zeit verstrichen sei, so solle Vorheck eine Gedächtnißrede verfassen und drucken lassen, welche einzureichen sei. Dieser ganze Vorfall zeugt von einer bedeutenden Auflösung der Disciplin sowie von einer großen Schwäche der Regierung, welche nur von den ungünstigsten Folgen für die Universität sein konnten.

In Bezug auf die damaligen Verhältnisse der Universität giebt uns ein auf der Bonner Bibliothek befindliches Actenstück vollständige Auskunft.

Die preußische Regierung erließ unterm 5. März 1799 eine Verfügung an den academischen Senat in Duisburg, worin sie fünfunddreißig Fragen über die gesammte Einrichtung und Verfassung der Universität stellte. Die gegebene Auskunft sollte, wie angegeben wurde, zur Vervollständigung der Acten des Ober-Schul-Collegiums dienen, zugleich aber auch einen Anhaltspunct zur richtigen Beurtheilung der Lage geben, um die gesammte Verfassung jeder Universität in ihrem Zusammenhange vollständig übersehen zu können. Die Fragen waren sehr bestimmt gestellt, so unter anderen: „Was hat die Universität für Statuten? — Wodurch sind diese abgeändert? — Sind zu den allgemeinen academischen Gesetzen noch besondere Verordnungen hinzugesetzt worden und welche?" u. s. w.

Die Frist zur Beantwortung dieser Fragen war auf Pfingsten desselben Jahres festgesetzt worden. Der academische Senat beeilte sich so sehr, daß er bereits am 13. März die gewünschte Auskunft, welche hierunter fast wortgetreu folgt, nach Berlin einreichen konnte.

Dieselbe heißt:
Die Universität in Duisburg besitzt keine Sammlung der Statuten. Nach Ausweis der Senatsprotocolle sind mit stillschweigendem Consens der Mitglieder des academischen Senats gewisse Normen festgesetzt worden.

(Dieselben finden in dem Nachfolgenden ihre Erläuterung.)

Außer den für alle preußischen Universitäten gültigen Gesetzen sind keine für die Universität Duisburg besonders festgesetzt worden. Den academischen Corpus bilden die ordentlichen Professoren, welcher Senat genannt wird. Sie kommen auf Einladung des zeitigen Rectors zusammen, nach alter Observanz alle 14 Tage und zwar des Samstags. Seitdem aber die Justiz- und Disciplinsachen davon getrennt sind und somit die Geschäfte sich vermindert haben, versammeln sie sich nach Bedürfniß. Dazu wird ein besonderes im Jahre 1775 gebautes Conferenzzimmer benutzt, früher kamen sie im Bibliothekraum zusammen. Nach Trennung der Disciplinsachen befaßt sich der Senat nur mit Sachen zum Besten der Universität, der Lehranstalten, der Polizei und Oeconomie.

(Im Jahre 1794 hatte das allgemeine preußische Landrecht Gesetzeskraft erhalten, hierauf mußte deshalb, wie an einer anderen Stelle ausdrücklich gesagt wird, bei Aburtheilung von Vergehen und dergleichen, in das polizeiliche und Rechtsfach schlagenden, Vorkommnissen Rücksicht genommen werden.)

Der Rector hat den Vorsitz bei den Senatssitzungen und dictirt dem Secretair das Protocoll. Beschluß wird gefaßt nach der Majorität vom Rector. Handelt es sich jedoch um kleinere Angelegenheiten, so wird die Abhaltung einer Sitzung umgangen, in solchen Fällen sendet der Rector ein Rundschreiben an die betreffenden Professoren in ihre Wohnung und fügt einen sogenannten verschlossenen Stimmkasten ein. Die Professoren schreiben ihre Ansichten auf einen Bogen Papier und werfen ihr Votum in den Stimmkasten. Der Rector läßt Beides wieder durch den Pedell abholen. Auch bei eiligen Sachen wird dieses Verfahren inne gehalten.

(Derartige Bogen Papier, auf welchen die Professoren hinter einander ihre Gründe und Gegengründe über einen Gegenstand entwickeln, finden sich noch in Menge in den Acten der Duisburger Universität vor.)

Vor 1768 gab es keinen Director der Universität. Es wurde damals der Geheimrath von Eichmann dazu ernannt. Derselbe verfuhr jedoch so eigenmächtig, daß er zu gegründeten Beschwerden Veranlassung gab. Bei der im Jahre 1774 Statt gefundenen Visitation der Universität kam das Benehmen Eichmanns zur Verhandlung. Er wurde in Folge dessen als Burggerichtsverwalter nach Schievelbein versetzt, und kein Nachfolger für ihn ernannt.

Der academische Senat besteht aus dem Rector, den Decanen der Facultäten und dem Director (wenn ein solcher vorhanden war).

Am ersten Samstage des September findet jedesmal in der Senats-Versammlung die Wahl des neuen Rectors für das nächste academische Jahr Statt. Der Gewählte wird am 1. October oder, Falls dieser auf einen Sonntag trifft, an dem darauf folgenden Montage eingeführt. Nicht wahlfähig ist, wer noch nicht fünf Jahre den Posten eines ordentlichen Professors bekleidet hat, auch ist es nicht gestattet zweimal nacheinander einen Rector aus derselben Facultät zu wählen.

Als besondere Einkünfte bezieht der Rector beim Antritte des Amtes 36 Thaler. Früher betrug das Eintrittsgeld nur 12 Reichsthaler, durch Regierungsverfügung vom 13. October 1797 ist diese Summe jedoch auf den ersteren Betrag erhöhet worden. Außerdem kommen beim Rector von jeder Immatriculation 2 Thaler zu, ebenso jedesmal 1 Thaler Präsenzgebühren, wenn inländische Novizen wegen Mangels eines geltenden Schulzeugnisses von der philosophischen Facultät geprüft werden müssen. Bei Vertheilung der Präsenzgebühren, die bei Promotionen von Licentiaten und Doctoren entrichtet werden müssen, hat der Rector vorab ½ oder 1 Thaler zu fordern. Von jeder Auction stehen ihm 2 Berliner Thaler und von Gerichtsgebühren ⅙ der Summe zu.

(Die Gerichtsgebühren wurden nämlich so in zwei Theilen vertheilt, daß die Hälfte der Sporteln der Secretair bezog, die andere Hälfte zerfiel in sechs Theile, wovon der Rector auf zwei, jeder der vier Decane auf je einen Theil Anspruch zu machen berechtigt war.)

Die Facultätsdecane bezogen folgende Nebeneinkünfte:
a. 2 Thaler für das Tentamen der Candidaten (denn sie mußten jeden vor dem eigentlichen Examen vorprüfen),
b. 2 Thaler für das Einschreiben in das Album,
c. 2 Thaler für die Revision der Dissertation,
d. ½ bezw. 1 Thaler als Präcipuum von den Präsenzgebühren, je nachdem der Candidat entweder zum Licentiaten oder Doctor ernannt wurde,
e. $1/12$ von den eingehenden Gerichtsgebühren.

(In der theologischen Facultät bezog überdies der jedesmalige Decan ein besonderes Decanatsgehalt von fünfzig Thalern.)

Der Decan der philosophischen Facultät erhält 1 Thaler für das jedem neu angekommenen Studenten zu ertheilende Attest und 1 Thaler für das Universitätsexamen, wenn solches erforderlich ist. Der Wechsel des Decanats findet gleichzeitig mit dem des Rectors statt. In der juristischen und theologischen sind zur Zeit je 3, in der medicinischen 2 und in den philosophischen 4 ordentliche Professoren wählberechtigt.

In Universitäts-Angelegenheiten stattet der Rector die nöthigen Berichte ab, wird ein anderes Senatsmitglied ausnahmsweise damit beauftragt, so ist der Bericht dem Rector zur Genehmigung vorzulegen.

Ein officium academicum giebt es in Duisburg nicht.

Officianten der Universität sind:
a. Der curator localis (der zeitige städtische Schultheiß — in jenem Jahre war es Tuckermann), der nur einige Präsenzgebühren als Einkünfte bezieht und zwar bei Abnahme der Rechnung 3 Thaler und bei einer Promotion 2 Thaler.
b. Der Bibliothekar (im Jahre 1799 versah Prof. Grimm diesen Posten nebenbei), für die damit verbundene Mühe war ein Gehalt von jährlich 25 Thalern ausgeworfen.
c. Der Secretär (zur Zeit Stahl). Sein Gehalt betrug 65 Thaler. Außerdem bezog er eine allgemeine Zulage von 5 Thalern und 3 Thaler Präsenzgebühren bei Abnahme der Rechnung. Die Ausfertigung der Bulle bei Promotionen bringt ihm 4 Thaler ein. Von Gerichtsgebühren bezieht er die Hälfte.

d. Der Rentmeister (zur Zeit Brinkmann) bezieht ein Gehalt von 78 Thalern und einige Sporteln.
e. Der französische Sprachmeister (Simonin) und Tanzmeister (Minnor) jeder mit einem Gehalte von 50 Thlrn.
f. Der Universitäts-Buchdrucker (Wittwe Brethon). Gehalt 25 Thaler.
g. Der Universitäts-Gärtner (Küper). 45 Thaler Gehalt und freie Wohnung.
h. Zwei Pedellen (Schallert und Halfmann) mit einem bezw. Gehalte von 39 und 33 Thalern. Außerdem stehen ihnen bei verschiedenen Gelegenheiten, so für Aufwartung bei Prüfungen 2 Thaler, bei Disputationen dieselbe Summe, bei Doctor-Promotionen 6 Thaler u. s. w. zu.
i. Der Unterpedell (Sondermann) bezieht ein Gehalt von 11 Thalern 15 Stübern und auch einige Nebeneinkünfte.

Die ordentlichen Professoren haben außer ihrem Gehalte Anspruch auf Accisefreiheit nach ihren Patenten, statt welcher sie aber ungeachtet ihrer wiederholten Gegenvorstellungen nur eine geringe Bonification genießen. Außerdem steht ihnen die Servisfreiheit zu. Ein jeder bekommt alle zwölf Jahre 30 Thaler für einen neuen Talar. Bei Abnahme der Rechnung haben sie 3 Thaler an Präsenzgebühren zu fordern. Bei der Promotion eines Licentiaten gebühren ihnen 1 Thaler 15 Stüber und bei der eines Doctors 2 Thaler 10 Stüber.

Die außerordentlichen Professoren sollen auch Accisefreiheit genießen, bekommen anstatt derselben jedoch auch nur eine geringe Vergütung ausgezahlt.

Die Fonds der Universität bestehen in
1) 1200 Ducaten jährlichen Renten,
2) verschiedenen Capitalien, dieselben betragen zusammen 45,049 Berliner Thaler, welche theils zu 5, theils zu 4, 3½ und 2½ Procent ausstehen. Sie werfen eine jährliche Gesammt-Einnahme von 1694 Thalern ab. Außerdem besitzt die theologische Facultät noch einen besonderen Fonds von 2327²/₃ Thalern und eine Freitischcasse,
3) vier Augustinergütern im Kreise Rees,

4) sechs Morgen Bauland im Kuhberge,
5) vier Augustinergütern im Hämgen bei Börde, vier Morgen Bauland im kleinen Kuhberg,
6) den Ländereien der S. Sebastians-Brüderschaft, abgeschätzt zu 3000
120
350
235

im Ganzen 3705 Thaler.

Außerdem gehören der Universität der botanische Garten und das Anatomie-Gebäude.

An Gebäuden besitzt die Universität außer dem großen und kleinen Auditorium vier Wohnhäuser und zwar das sogenannte große dritte Ordenshaus, das kleine dritte Ordenshaus, das Botenhäuschen und das Gärtnerhaus. Letzteres hat die Vicarie von der Universität in Erbpacht. Die Aufsicht hierüber ist Keinem besonders übertragen und wird vom ganzen Senate besorgt.

Der Carcer ist mit keinem Fehler behaftet, welcher der Gesundheit nachtheilig sein kann. Er liegt in demselben Gebäude, wo das große Auditorium, die Senatsstube und Bibliothek sich befinden und ist hoch, so daß man eine Treppe hinauf steigen muß um zu demselben zu gelangen. Es ist ein gesunder Aufenthalt, ein Ofen befindet sich aber nicht darin. Das Bedürfniß dafür hat sich noch nicht heraus gestellt, denn im Winter benutzt man lieber einen anderen heizbaren Raum zu demselben.

(Die Universität hatte damals schon keine Gerichtsbarkeit mehr über die Excesse, sondern die Polizei.)

Die Bibliothek ist sehr unbeträchtlich und enthält kaum 4600 Bände. Das philosophische Fach ist das bestbedachte, mit dem philologischen und historischen Theile ist es am schlechtesten bestellt.

Den Grund zur Bibliothek legte Arnold von Goor, welcher bald nach Stiftung der Universität die Bibliothek seines Bruders mit Ausnahme der juristischen Bücher seiner Sammlung der Hochschule schenkte. Letztere besaß jedoch keinen Fonds für diesen Zweck und so blieb sie im Ganzen ohne besonderen Zuwachs. Die einzige Vermehrung erhielt sie, wenn Professoren ihr bei Antritt ihres Amtes oder bei sonstigen Gelegenheiten Geschenke an Büchern machten oder was aus den geringen Beiträgen der neu ankommenden Studenten und Candidaten bestritten werden konnte. Erst in neuerer Zeit suchte man die Fonds der Bibliothek zu vermehren, die jährlichen Einkünfte betrugen aber selten mehr als 60 Thaler. Im Jahre 1796 wurde durch höheres Rescript angeordnet, daß von den der Universität aus dem aerario ecclesiastico zufließenden Beträgen jedesmal 10 Procent zum Bibliothekfonds fließen und zur Anschaffung neuer Bücher und zwar mit gleichmäßiger Berücksichtigung der vier Facultäten verwendet werden sollten. Der Bibliothekar richtet sich bei Erwerbung von Büchern nach den Vorschlägen der Professoren.

Die Universität besitzt auch einen botanischen Garten, die Aufsicht darüber besorgt der älteste Professor der Medicin, ferner eine Sammlung anatomischer und chirurgischer Instrumente, welche der Obhut des Professors der Anatomie anvertraut ist. Ein geringer Apparat zu den nöthigsten chemischen Arbeiten steht unter der Verwaltung des Professors der Chemie.

Das anatomische Theater ist unbrauchbar, es werden deshalb die anatomischen Vorlesungen in einem anderen Hause gehalten. Als Professor Schilling im Jahre 1779 starb, kaufte die Universität aus dessen Nachlaß an physicalischen Instrumenten einen großen Theil an. Darauf wurde die Hälfte der Miethe des sogenannten großen dritten Ordenshauses zur Anschaffung von Apparaten und Instrumenten überwiesen. Diese Summe belief sich jährlich auf 15 bis 19 Thaler. Hierdurch wuchs die Sammlung allmählig an, es sind electrische, mechanische, hydrostatische Tische und Werkzeuge angeschafft worden.

(In den achtziger Jahren des vorigen Jahrhunderts waren die Universitätsbaulichkeiten theilweise schon so sehr im Unstande, daß sie drohten zusammenzustürzen. Die Universität brachte diesen Gegenstand mehrmals bei der Regierung zur Sprache, und die Letztere war auch nicht abgeneigt etwas zu thun um dem Bedürfnisse abzuhelfen. Vor Allem wurde der Neubau eines Anatomiegebäudes ins Auge gefaßt. Die Kosten zur Ausführung der eingereichten Pläne scheinen jedoch der Regierung in jenen mißlichen Zeiten unerschwinglich gewesen zu sein, denn im Jahre 1789 bestimmte dieselbe der Bau eines Anatomiegebäudes sowie der Ausbau des dritten Ordenshauses zu Universitätszwecken müsse unterbleiben, dagegen wies sie das nöthige Geld an um sie wieder leidlich in Stand zu setzen.)

Beneficien besitzt die Universität nicht.

Es besteht eine Freitischcasse, dieselbe ist jedoch von so geringem Umfange, daß daraus nur ein Freitisch unterhalten werden konnte. Vor vierzig Jahren, also 1759, bemüheten sich zwei Professoren, von Eichmann und von Larrach, den Grund zu einer Freitischcasse zu legen. Hin und wieder sammelten sie Beiträge dazu, auch erboten sie sich von jedem Gutachten ihrer Facultät (der juristischen) oder Urtheil 4 Ggr. abzugeben. Später weigerten sich ihre Nachfolger diese Abgaben weiter zu zahlen. Das in dieser Weise angesammelte Capital beträgt zur Zeit 366 Thlr. 40 Stüber, welche zinsbar angelegt sind. Von den Einkünften aus diesem Capitale werden ab und zu arme Studenten für Bücheranschaffungen unterstützt.

Stipendien besitzt die Universität nicht.

Der König hat durch Verfügung vom 23. September 1750 eine Wittwen- und Waisencasse gegründet. Der dazu überwiesene Fonds beträgt 1935^{1}_{2} Berliner Thaler. Jeder ordentliche Professor muß jährlich 3 Berliner Thaler zu derselben beisteuern, auch beim Amtsantritt 20 Berliner Thaler einzahlen. Die Zinsen von diesen jährlich von je 3 und 20 Thalern erhobenen Beiträgen werden jedes Jahr an die vorhandenen Wittwen und Waisen vertheilt. Gegenwärtig betragen diese Zinsen im Ganzen 71 Thlr.

Jeder neue Student zahlt 3 Thlr. 15 Stüber.

Zur gewöhnlichen Taxe der Honorare für Privatcollegien wird die Anzahl der Stunden, in welchen sie in der Woche gelesen werden, zum Maßstabe genommen, so daß, wenn dieser Stunden sechs sind, jeder Zuhörer sechs Berliner Thaler zahlt. Durch Rescript vom 7. November 1774 wurde das Honorar für die Jnstitutionen auf 5 Thlr. und für Pandecten auf

8 Thlr. festgesetzt. Privatissima Honorare werden zwischen Professoren und Studenten vereinbart.
Die Promotionsgebühren betragen bei jeder Facultät 91 Berliner Thaler.

Die Aufhebung der Universität.

Schon im Jahre 1803 war allgemein das Gerücht verbreitet, daß die preußische Regierung mit dem Gedanken umgehe, die Universität in Duisburg aufzuheben. Amtliche Nachrichten waren jedoch über diesen Plan bei dem Senate nicht eingegangen. Die Professoren der Universität sowohl, wie die Bewohner der Stadt fühlten sich hierdurch sehr beunruhigt und glaubten um so mehr Schritte thun zu müssen, das ihren Interessen drohende Unheil abzuwehren, als auch die Zeitungen anfingen, diesen Gegenstand öffentlich zu erörtern. Künste und Wissenschaften litten damals überall unter dem Drucke der Kriegsverhältnisse, das Geld fehlte dem Privatmann und die öffentlichen Cassen waren leer. Die Blüthe der jungen Leute befand sich in den Heeren eingereiht, wer noch frei war, wagte sich nicht zu weit von der Heimath zu entfernen. An allen Universitäten gab es unbesetzte Lehrstühle, dieses wirkte wieder nachtheilig auf den Besuch der Hochschulen. Schwächer besucht als Duisburg war wohl keine Universität des Landes. Der bekannte Justus Gruner ließ im Jahre 1803 ein Buch erscheinen, welches den Titel führte: „Meine Wallfahrt zur Ruhe und Hoffnung". In demselben besprach er viele Verhältnisse in Rheinland und Westfalen, oft mit einer scharfen Kritik, die, wenn auch wahr, doch einer gewissen Härte der Auffassung nicht entbehrte. Auf der Seite 236 äußert er sich über die Universität in Duisburg: „Es sind kaum hundert Studirende dort, und es giebt beinahe so viele Lehrer als Zuhörer. In der That gehört viel Muth und Lust dazu, unter diesen wenig aufmunternden Umständen sein Amt mit Eifer zu verwalten, was denn auch sehr verschieden geschieht. Die juristische Facultät ist übrigens wohlbesetzt und die Namen Borheck und Bierdemann und einiger Anderer sind rühmlich bekannt. Indeß darf man gewiß nicht sagen, daß der Geist der Neuerung hier sein Wesen treibe."

In Bezug auf das gesellschaftliche Leben in Duisburg spricht er sich fast dahin aus, als sei damals das Kartenspiel die Hauptbeschäftigung der Bewohner des Städtchens gewesen. Justus Gruner war Parteigänger, aber er suchte damals schon Fühlung mit der preußischen Regierung zu gewinnen und somit sind seine Angaben nicht von vornherein zu verwerfen. Was er über den Besuch der Hochschule in Duisburg mittheilt, wird durch das Matrikelbuch derselben in vollem Maße bestätigt. Im Jahre 1803 haben sich nur zwanzig Studenten neu einschreiben lassen, im darauf folgenden Jahre sank die Zahl derselben sogar auf acht herab.

Die Professoren schrieben diese ungünstige Lage unzweifelhaft den zeitweiligen unsicheren Verhältnissen zu und hofften auf eine Besserung, wenn die Regierung nach Rückkehr des Friedens sich dazu verstehen könne, ausreichende Geldmittel zur Verfügung zu stellen, um die Anstalt zu heben. Sie hielten die Aufhebung der Duisburger Universität hauptsächlich aus religiösen Rücksichten für einen unheilvollen Schritt, zumal eine Verschmelzung derselben mit der Hochschule in Münster als sehr wahrscheinlich in den Vordergrund gestellt wurde. Der Character der Duisburger Universität war ausgesprochen reformirt, in Münster jedoch war die Bevölkerung durchweg katholisch, und auch die dortige Academie wurde als eine rein katholische angesehen.

Der Rector Carstanjen, welcher übrigens der Verlegung der Universität nach Münster am wenigsten abhold war und nur in der theureren Lebensweise in letzterm Orte einige Bedenken fand, hielt es vor Allem für nöthig, die Ansichten der Regierung auszuforschen. Deshalb richtete er an alle Professoren in einem Circulare die Aufforderung, ihre Ansichten darüber zu äußern, ob es nicht gerathen sei, die Regierung um die Erlaubniß zu ersuchen, die Verlegungsgerüchte in den Zeitungen öffentlich zu widerlegen. Der Professor Grimm machte hierbei besonders geltend, daß eine protestantische Universität doch nicht mit einer katholischen verschmolzen werden könne. Dann wurde darauf hingewiesen, daß viele Studenten aus Holland gebürtig seien, welche ebenfalls protestantischen

Glaubens seien. Dieser Zuzug werde unbedingt aufhören. Auch tauchten Ansichten auf, welche der Verlegung der Münsterschen Universität nach Duisburg gerade aus diesem Grunde das Wort redeten, da die Berechtigungsansprüche beider Orte gleich seien.

Die Genehmigung, in den Zeitungen die Auflösungsgerüchte zu bestreiten, wurde von der Regierung nicht ertheilt, die Sachlage aber genügend aufgeklärt, denn der Minister von Massow forderte die Universität zur Berichterstattung und Mittheilung ihrer Ansicht über die Verlegung derselben nach Münster auf. Diese Verfügung rief eine höchst aufgeregte Stimmung unter den Professoren hervor. Sie gaben schriftlich ihre Ansichten hierüber zu erkennen. Es fielen theilweise sehr schroffe Aeußerungen, die von persönlichen Angriffen gegen einzelne Professoren, denen man den Verfall der Universität mit zur Schuld legen wollte, selbst nicht fern waren. Namentlich war es der Professor der Beredtsamkeit, Vorheck, dem man viele Vorwürfe zu machen sich berechtigt glaubte. Der Rector Grimm warf sich als Wortführer dieser Ansicht auf. Vorheck hatte nämlich seit 6—7 Jahren gar keine Vorlesungen mehr gehalten, obgleich er, wie es scheint, nicht krank und schriftstellerisch sogar sehr thätig war. Grimm erklärte, dieses sei ein großer Schaden für die Universität, denn viele Studenten hätten sich geäußert, daß sie gerade aus diesem Grunde nicht nach Duisburg kämen. In dem von Grimm verfaßten Gutachten wurde erklärt, daß die Abnahme der Universität eingeräumt werden müsse, jedoch Alle für die Beibehaltung derselben stimmten.

Als Hauptpuncte waren folgende in demselben hervorgehoben: Die Duisburger Universität habe zwar stets zu den kleineren derartigen Anstalten gehört, es sei aber Ersprießliches von ihr geleistet worden, da sie viele tüchtige Männer herangebildet habe. Durch den letzten Krieg sei der Zuzug fremder Studenten, namentlich der Holländer, sehr gehemmt worden, nebenbei müsse man in Bezug auf den schwachen Besuch der Hochschule die allgemeinen Zeitverhältnisse mit in Anschlag bringen, die Theuerung sei gewachsen, Mancher könne kaum die Kosten für den täglichen Unterhalt erschwingen. Der Staat habe nach dem Reichsfrieden wenig zur Hebung der Universität gethan, die Gerüchte von der Verlegung der Universität hätten aber besonders dem Aufschwunge geschadet. Außerdem machte man darauf aufmerksam, daß die Versetzungs- und Entschädigungskosten der Professoren viele Geldausgaben verursachen würden. Münster sei ein bedeutend theurerer Ort als Duisburg und nicht so geeignet für eine protestantische Hochschule, auch werde die Größe des Ortes dort die Moralität der Jugend gefährden. In Bezug auf eine in Aussicht zu nehmende Ausdehnung der Anstalten wies man darauf hin, daß in Duisburg ein vollständig ausreichender Raum vorhanden sei, wenn die Regierung das dort befindliche adelige Kloster mit dessen Einkünften der Universität überweise.

Unterm 15. December 1803 theilte der Minister von Massow nun mit, daß noch kein fester Beschluß über die Verlegung der Universität gefaßt worden sei, die Bedenken des Senats würden jedenfalls Erwägung finden. Die preußische Regierung fühlte sich um so weniger bewogen, in dieser Angelegenheit etwas Entscheidendes zu thun, als das Schicksal der ganzen Rheinprovinz und des Clever Landes durch die Zeitverhältnisse mehr wie je in Frage gestellt wurde, Frankreich beanspruchte nicht nur den Rhein als Grenze, sondern auch die Festung Wesel und die altbrandenburgische Provinz Cleve, zu der Duisburg gehörte. In dem berüchtigten Schönbrunner Vertrage vom 15. December 1805 setzte es seinen Willen durch, es wurde das Großherzogthum Berg gestiftet und dem Schwager Napoleons, Joachim Murat, verliehen. Der Letztere hatte eine höchst abhängige Stellung, er war ein Kriegsmann und den Künsten des Friedens nicht hold. Auch hatte er kein Herz für das Wohl des ihm übertragenen Landes, denn er und seine Gemahlin betrachteten es als eine Art Zurücksetzung, daß ihnen kein Königreich, sondern nur das kleine Großherzogthum Berg verliehen worden war. Zwar hatte er bei seinem am 24. März 1806 stattgefundenen Einzuge in seine neue Residenzstadt Düsseldorf versprochen, alle seine Kräfte dem Wohle des Staates zu widmen, er hielt sich aber lieber in Paris, als in seinem Reiche auf, welches ihm auch vollständig unbekannt geblieben ist. Die Cassen waren leer, so daß nicht einmal die Gehälter der früheren preuß. Beamten gezahlt werden konnten.

Ueber die Verhältnisse in Duisburg zur Zeit der Einrichtung des Murat'schen Großherzogthums finden sich in den Briefen des Professors Krummacher an Möller höchst humoristische Schilderungen.*) In einem solchen Briefe vom 1. Juni 1806 spricht sich Krummacher folgendermaßen aus: Bei Nahrungssorgen und einem knappen Leben kann auch das Wirken nicht lustig von Statten gehen. Daß ich meine Haut freilich nicht anders als plus licitanti zuschlage, versteht sich. Daß aus dem hiesigen Wesen wohl nichts werden wird, sehen wir allesammt nur zu deutlich ein. Es fing neulich gewaltig an zu rumoren. Aber das Rumoren ist auch bei dem Franzosenvolk Alles. Der Graf v. Borck zu Hueth ist conseiller des Domaines et de l'Institution publique geworden, er verfügte sich am Freitage vor der Pfingstwoche hierher und nahm uns vorerst in Eid; darauf zeigte er ein Schreiben von Joachim vor de d. Paris ꝛc. Inhalts: Daß der v. Borck vor Ablauf des Monats Mai Vorschläge zu Wiederherstellung der Universität Duisburg einreichen sollte. Er forderte uns auf, schriftlich ihm unsere Bemerkungen innerhalb dreier Tage einzureichen. Es solle eine Sternwarte, Gebärhaus, Klinicum, Naturalien-Cabinet eingerichtet werden. . . . Von Erweiterung des botanischen Gartens war die Rede. Wir besahen das Grimm'sche Territorium und R. meinte, alles zusammen sei gut dazu, das Haus müsse fort. — Ich schlug vor, da wir jetzt in so stämmiger Anzahl bei einander wären, so möchten wir unsere Rücken sogleich gegen die baufällige Baracke stellen und sie umwerfen u. s. w." Am 21. Juni schreibt derselbe: „Der Graf Borck hat hier zwar einen Fonds von 20 000 Thlrn. jährlich für die Universität bestimmt, allein das Schlimmste ist, daß der Fonds noch nicht existirt und schwerlich existiren wird."

Die kaiserliche Regierung zeigte sich aber am wenigsten geneigt, den Großherzog mit Geldmitteln zu unterstützen. Ihre Ansichten über die Einrichtung von Hochschulen waren anderer Art, als sie in Deutschland gang und gäbe waren, dieselben sollten mehr practischer Art sein und sich einer gewissen mili-

---
*) Friedr. Ad. Krummacher und seine Freunde. Briefe und Lebensnachrichten, mitgetheilt von A. W. Möller. Bremen. 1849.

tairischen Organisation fügen. Dieses zeigte sich auch in den
hier und dort gegründeten Lyceen, welche nach deutschen Begriffen ein Mittelding zwischen niederen und Hochschulen waren.
Wie es scheint, hatte man auch an eine Umbildung der Duisburger Universität gedacht, denn der Senat erhielt den Auftrag, eine Nachweisung über die Ausgaben der Hochschule einzureichen. Diese wurde bereits im April 1806 verfaßt und
ist in so fern von großem Interesse, als sie über die Gehälter
der Professoren und unteren Angestellten der Universität einen
vollständigen Ueberblick gewährt. Die folgenden Angaben sind
dieser Nachweisung entnommen.

Gehälter der Professoren.

1. Grimm als Prof. der Theologie . . 500 Thlr. 10 Stüber,
" " " Kirchengeschichte 39 " 30 "
" " " orient. Sprachen 50 " — "
" Bibliothekar . . . . 25 " — "
" Rector und Decan . . 89 " 52 "

Außerdem an zufälligen Einkünften
an Präsenzgeldern . . . 11 Thlr. 22 Stüber,
" Talargeldern . . . . 2 " 30 "
" Accise-Bonification . . 19 " 45 "
" Präsenzgeldern bei Ab-
nahme der Rechnung 3 " — "
" Inscriptionsgebühren . 40 " — "
" Gerichtsgebühren u. s. w. 13 " — "

im Ganzen 794 Thlr. 9 Stüber.

2. Krummacher Gehalt . . . . . 500 " 10
Nebeneinkünfte . . . . 31 " 17

Sa. 531 Thlr. 27 Stüber.

3. Krafft Gehalt . . . . 345 " 6²/₃ "
als Senior der Juristen-Facultät . 50 " — "
Nebeneinkünfte . . . . 256 " 30 "

Sa. 651 Thlr. 36²/₃ Stüber.

4. Bierdemann Gehalt . . . . . 345 " 6²/₃ "
Nebeneinkünfte . . . . 254 " — "

Sa. 599 Thlr. 6²/₃ Stüber."

5. Günther Gehalt . . . . . . 395 Thlr. 6²/₃ Stüber.
    Nebeneinkünfte . . . . 144 „ 50 „
                    Sa. 539 Thlr. 56²/₃ Stüber.
6. Carstanjen Gehalt . . . . . . 345 „ 6²/₃ „
    Nebeneinkünfte . . . . 139 „ 50 „
                    Sa. 484 Thlr. 56²/₃ Stüber.
7. Privat-Docent Theod. Ad. Grimm 50 „ — „

Gehälter der anderen Angestellten.

a. der Tanzmeister Minuö Gehalt 50 Thlr. — Stüber.
   Accise-Vergütung . . . . . 10 „ 30 „
               Sa. 60 Thlr. 30 Stüber.
b. der Musiklehrer Josef Alexander } ohne Gehalt.
c. „ Reitlehrer H. J. Frauenfelder }
d. „ Secretär Dahlhof Gehalt . 75 Thlr. — Stüber,
   zufällige Nebeneinkünfte . . . 54 „ 30 „
                Sa. 129 Thlr. 30 Stüber.
e. der Rentmeister Brinkmann Gehalt 92 „ — „
   Nebeneinkünfte . . . . . . 37 „ 27 „
                Sa. 129 Thlr. 27 Stüber.
f. der Buchdrucker Kraemer Gehalt 25 „ — „
   Accise-Bonification . . . . 9 „ — „
                Sa. 34 Thlr. — Stüber.
g. der Gärtner Küpper Gehalt . 45 „ — „
   Nebeneinkünfte . . . . . . 18 „ 33 „
   außerdem hatte derselbe freie
     Wohnung
                Sa. 63 Thlr. 33 Stüber.
h. der Pedell Schallert Gehalt . 39 „ 33 „
   Nebeneinkünfte . . . . . . 60 „ 30 „
                Sa. 100 Thlr. 3 Stüber.
i. Pedell Halffmann Gehalt . . 39 „ 33 „
   Nebeneinkünfte . . . . . 100 „ 3 „
                Sa. 139 Thlr. 33 Stüber.

k. Unterpedell Hagedorn Gehalt . 11 Thlr. 15 Stüber.
Nebeneinkünfte . . . . 14 „ 35 „
außerdem freie Wohnung

Sa.   25 Thlr. 50 Stüber.

Aus diesen Mittheilungen ersieht man, daß die Gehälter niedrig genug bemessen waren und sich die Professoren wohl nicht nach einer Versetzung in einen theuereren Ort, wie es Münster sein sollte, sehnen konnten. Die großherzogliche Regierung hatte aber auch bald einen anderen Plan in Aussicht genommen, welcher wo möglich noch ungünstiger für sie war. Es tauchte schon bald nämlich das Gerücht auf, daß in Düsseldorf eine Universität gegründet werden solle. Die Ausführung des Gedankens erschien höchst wahrscheinlich, denn sie entsprach der Neigung der Franzosen, Alles in der Hauptstadt des Landes zu centralisiren. Wenn Duisburg mit Wesel auch als Arrondissements-Orte des Herzogthums Cleve ausgewählt worden waren, so war ersteres doch zu unbedeutend, um mit Düsseldorf in die Schranken treten zu können, wenn es sich um Errichtung einer hohen Landesschule handelte. Der Senat versäumte zwar nicht sich in Erinnerung zu bringen und suchte die Regierung für sich günstig zu stimmen, aber seine Bemühungen blieben ohne Erfolg. In den letzten Tagen des Mai 1807 gab der Rector drei recommandirte Schreiben, an den Kaiser Napoleon, den Großherzog und die Großherzogin Joachim Murat in Paris, zur Post, wovon die erhaltenen Auslieferungsscheine sich noch in den Acten befinden, in denselben empfahlen sie die Universität der Gewogenheit dieser hohen Personen. Zugleich sandten der Rector und die Professoren ein besonderes Gesuch an den Administrationsrath und Curator ab, worin sie baten, die ohne Schuld der Professoren so tief gesunkene Universität wieder zu heben.

Wenn damals noch nichts Entscheidendes verfügt wurde, so lag der Hauptgrund wohl in den schwankenden Verhältnissen des Großherzogthums Berg. Murats einziges Bestreben war darauf gerichtet, die ihm übertragene Herrschaft mit einer größeren zu vertauschen, und als ihm die Wahl zwischen den beiden Königreichen Portugal und Neapel gelassen wurde, griff er ohne Bedenken zu dem letzteren. Napoleon übernahm nun

selbst, gewissermaßen als Vormund Ludwigs, des minder-
jährigen Sohnes seines Bruders, des Königs von Holland,
am 3. März 1809 die Verwaltung des Cleve-Bergischen Landes.
Mit der ihm eigenen Energie suchte er die von ihm in Aussicht genommenen Pläne durchzuführen, wozu auch die Errichtung einer Universität in Düsseldorf gehörte. Daß das Statut
derselben erst unterm 17. December 1811 erschien, hatte wohl
darin seinen Grund, daß die Umgestaltung des ganzen Schulwesens, namentlich die Errichtung von Primär- und Secundär-
schulen dabei ins Auge gefaßt worden war. Nach diesem
Statute war von der Festhaltung einer rein confessionellen
Richtung der Universität Abstand genommen worden, denn es
sollten zwei katholisch-theologische und zwei protestantische
Professoren daran beschäftigt werden. Somit hatte das früher
stets in den Vordergrund gestellte Bedenken der Professoren
den confessionellen Standpunct der Duisburger Hochschule
nicht zu beeinträchtigen, jeden Halt verloren. Wurden nun,
wie es ebenfalls im Plane war, fünf Facultäten in Düsseldorf
eingerichtet, und zwar außer der getheilten theologischen eine
mathematisch-physicalische mit der schönwissenschaftlichen, einer
medicinischen und juristischen, so war das Todesurtheil für
die schon gewissermaßen auf dem Aussterbe-Etat stehende
Duisburger Hochschule unterschrieben. Der Besuch derselben
war ja schon äußerst schwach, die einzigen Lebenszeichen, welche
von ihr während dieser traurigen Zeit an die Oeffentlichkeit
traten, waren die Festlichkeiten, an welchen sich die Professoren
bei einzelnen patriotischen Gelegenheiten betheiligten. So lesen
wir, daß am 30. März 1807 von Seiten der Universität das
allgemeine Landesfest mitgefeiert worden ist. Der Professor
Krummacher hielt eine Rede, welche gedruckt wurde. Drei
Exemplare derselben ließ man in rothen Atlas und in den
Clevischen Farben binden und übersandte je eines dem Kaiser,
dem Großherzoge und seiner Gemahlin nach Paris. Auch
hatte man dem Minister des Innern in Düsseldorf einen
Abdruck zugehen lassen, wofür sich dieser unterm 30. Mai 1807
bedankte.

Als im November 1811 Napoleon seine bergischen Lande
und auch Duisburg besuchte, war die Stimmung der Professoren jedoch so kleinlaut wie möglich. Sie hatten, wie es

scheint, alle Hoffnung auf Erhaltung ihrer Universität vollständig aufgegeben und betrachteten sich kaum mehr als eine lebensfähige Corporation. Wie Rub. Goecke in seinem Werkchen „Das Großherzogthum Berg" S. 79 mittheilt, waren zum Empfange des Kaisers nicht einmal Vertreter der Universität erschienen, so daß sich Napoleon veranlaßt sah, den Rector Günther sowie die Professoren Grimm und Carstanjen während eines Frühstücks zu sich zu bescheiden. Diese stellten ihm mit anerkennungswerther Offenheit den traurigen Zustand der Hochschule vor und baten um Wiederbesetzung der in Folge der politischen Ereignisse eingegangenen Lehrstühle.

Im Jahre 1814, als das bergische Land wieder an die Krone Preußens gefallen war, forderte die preuß. Regierung den Professor Günther auf, über den Zustand der Universität zu berichten. Die am 30. März desselben Jahres von dem academischen Senate eingereichte Auseinandersetzung giebt über die Verhältnisse der Universität während der französischen Herrschaft ein hinreichend klares Bild. In derselben heißt es:

„Schon lange hatten wir beschlossen, über die traurige Lage der Universität zu berichten. Die Aufforderung an den mitunterzeichneten Professor Günther giebt uns Gelegenheit, über die Verhältnisse der letzten sieben Jahre uns auszusprechen. Wir blicken auf die Zeit zurück, wo Ew. Hochwürden und Hochwohlgeboren uns das schmeichelhafte Zeugniß ausstellten, daß wir bei unseren geringen Fonds viel geleistet haben und uns die Aussicht eröffneten zur Gründung einer westfälischen Landes-Universität. Alle Anstalten waren getroffen, da traf uns wie ein Donnerschlag die Nachricht, daß wir abgerissen sein sollten von einem Staate, dessen Bürger zu sein unsere größte Ehre und unser Glück war.

Von dem damaligen Landesherrn (Murat) erhielten wir die huldreiche Versicherung, daß die Universität aufrecht erhalten und in besten Stand gesetzt werden solle. Die beiden hiesigen Nonnenklöster sollten überwiesen, Sachverständige gehört und die Fonds überwiesen werden. Düsseldorf hat aber stets in merkantilischer und anderer Hinsicht mit Duisburg rivalisirt und bot Alles auf, um die Universität nach Düsseldorf zu bringen. Sie fanden geneigtes Gehör bei dem damaligen Director der öffentlichen Erziehungsanstalten und dessen Nachfolger, Abministrationsrath Harbung. Die Sache gedieh so, daß schon am 1. November 1806 der Lehrcursus in Düsseldorf beginnen sollte. Allein das Schicksal hatte es anders beschlossen, der neue Krieg brach aus. Der Landesherr ging zur Armee ab und kam nicht wieder nach Düsseldorf, von der Verpflanzung der Anstalt war somit nicht mehr die Rede. Der unsichere Standpunct unserer Universität, das Hangen und Bangen zwischen Erhaltung und Auflösung schadete der Entwickelung gewaltig, um so mehr, als die erledigten Lehrstühle nicht wieder besetzt wurden. Die Einkünfte waren bei der geringen Studentenzahl sehr unbedeutend. Zwei theologische Professoren, Grimm und Krummacher, waren freilich noch vorhanden. Letzterer nahm jedoch, da er seine zahlreiche Familie in der traurigen Lage nicht ernähren konnte, eine Stelle als Prediger in Kettwig an und wurde dann General-Superintendent in Bernburg. Zwei juristische Professoren waren noch vorhanden, einer derselben, Krafft, starb jedoch am 8. Mai 1809.

Die französische Regierung that nichts zur Hebung der Universität und hielt ihr sogar die aus der Landes-Domänencasse zu zahlende Revenue von jährlich 1200 Ducaten vor, deren Nominalwerth schon durch die Frankenreduction bedeutend (auf 13 800 Frcs.) geschmälert worden war. Die Zinsen von den Capitalien auf die Landesstände des Herzogthums Cleve blieben ganz aus, weil die Capitalien zu Landesschulden gemacht werden sollten. Die Anstalt hätte damals schon eingehen müssen, wenn der damalige Minister des Innern, Graf Nesselrode, nicht ab und zu Unterstützungen gewährt hätte.

Durch kaiserliches Patent vom 17. December 1811 wurde die Errichtung einer Universität in Düsseldorf angeordnet, dadurch wurde die Lage der Universität in Duisburg nicht besser. Alle Nebeneinkünfte schwanden. Der Krieg verhinderte den Besuch, die Professoren waren nur auf ihren Gehalt angewiesen, welcher oft mehrere Monate nicht gezahlt wurde und durch die Reduction in Franken schon geschmälert war. Die uns durch Rescript vom 9. März 1806 zugesicherte Zulage wurde von der neuen Regierung nicht anerkannt und uns entzogen. Indessen thaten wir unsere Pflicht und hielten unsere Vorlesungen, wenn auch nur ein Zuhörer da war. Man spottete in Düsseldorf über uns, daß wir jährlich einen Elenchus (Verzeichniß der Vorlesungen) drucken laſſen wollten. Wir ſchränkten die Ausgaben ein: allein es kam noch trauriger, der geſammte Univerſitätsfonds wurde der Domänen-Verwaltung überwieſen und der bisherige Univerſitäts-Rentmeiſter mußte die Caſſe und der Senat alle über die Einkünfte lautenden Documente und Urkunden abgeben. So verloren ſie alle Unabhängigkeit. Bei jeder kleinſten Ausgabe mußte bei der Domänen-Verwaltung die Erlaubniß eingeholt werden, kleine Reparaturen ſelbſt mußten oft unterbleiben. Zwar blieb der Univerſitätsfonds getrennt bei der Domänen-Verwaltung, aber dieſes nutzte nichts, denn die ferne Domänen-Verwaltung war nicht im Stande, die Nothwendigkeit der Anſchaffungen zu bemeſſen.

Alle Gerichtsbarkeit war der Univerſität bei der franzöſiſchen Gerichtsorganiſation genommen worden. Dieſes verurſachte viele Unannehmlichkeiten, allein es war die Zeit des Verlierens, die Univerſität wurde durch dieſes Alles aber in ihren Grundveſten erſchüttert.

Es ſind zur Zeit vorhanden zwei mediciniſche und ein juriſtiſcher Profeſſor, alle theologiſchen und philoſophiſchen Lehrſtühle ſind erledigt, desgleichen zwei juriſtiſche Lehrſtühle. Der Bibliothekar Grimm iſt geſtorben, die Verwaltung beſorgt zeitweilig der zeitige Rector Carſtanjen. Die Univerſitätscaſſe verwaltet der Domänen-Empfänger Berghaus, ſelbſt ein Pedell fehlt."

Am Schluſſe dieſes ſeinem Inhalte nach faſt wortgetreu mitgetheilten Berichtes fragte der Senat an, ob die bedeutenden Rückſtände von der frühern großherzoglichen Regierung reclamirt werden könnten, ebenſo von den Landſtänden des Clever Landes. Zugleich baten ſie um die Zurückgabe der Documente. Nach ſeiner Verſicherung war von den der Univerſität Duisburg gehörenden Büchern, Inſtrumenten und dergl. nichts nach Düſſeldorf abgeführt worden.

An der Spitze der preußiſchen Regierung ſtanden damals tüchtige Männer, welche die Bedürfniſſe des Landes zu würdigen verſtanden und ſich nebenbei, durch die ſchwierigen Verhältniſſe der letzten Jahre geſtählt, Organiſationstalent genug zutrauten, um großartigere Pläne zu verfolgen. Sie mußten ſich geſtehen, daß die Erhaltung einer rein proteſtantiſchen

Univerſität in den faſt ganz katholiſchen weſtlichen Provinzen
nicht mit den Bedürfniſſen und Wünſchen der Bewohner
übereinſtimmen konnte. Es handelte ſich von vornherein alſo
darum, welcher Ort für eine im größten Maßſtabe angelegte
Hochſchule der geeignetſte ſei. Im Jahre 1815 (November)
correſpondirte der Civil-Gouverneur der weſtlichen Provinzen
von Vinke mit dem in Paris verweilenden Fürſten von Har-
denberg über die Schulangelegenheiten, namentlich über die
Beibehaltung und Ausdehnung der Univerſität in Duisburg.
Auch in der Preſſe wurde dieſer Gegenſtand viel erörtert, es
tauchten immer mehr Bewerber um die neu zu errichtende
Univerſität auf.

Von Seiten der Bürgerſchaft Duisburgs unterließ man
es auch nicht, die Anſprüche derſelben auf die Erhaltung der
Univerſität geltend zu machen. Es erſchien im Jahre 1815
ein Heftchen, welches aus dieſen Kreiſen ſtammte und bei der
Wittwe Schüller in Crefeld gedruckt worden iſt. In dieſer
Schrift wurde dem Bedauern Ausdruck gegeben, daß die Stadt
Duisburg, deren Beſtand man mit der Univerſität eng ver-
knüpft hielt, dieſes Vortheils beraubt werden ſolle. Es wurde
darin geſagt, daß faſt alle Aerzte und reformirte Prediger
der Gegend in Duisburg ihre Ausbildung genoſſen hätten
und viele treffliche nützliche Männer für Staat und Kirche
von der dortigen Univerſität ausgegangen ſeien. Unter ſchmeichel-
hafter Hervorhebung der großen Verdienſte des Hohenzolleriſchen
Hauſes um die Stiftung und Erhaltung der Univerſität wies
man aber auch darauf hin, daß das Cleviſche Land auch eine nicht
abzuleugnende Berechtigung habe auf die Erhaltung der Univerſität in ſeinem Bereiche Anſprüche zu machen, da die
Landſtände des Herzogthums 9445 Reichsthaler für dieſelbe
bewilligt hätten. Die Stadt Duisburg ſei ebenfalls nicht
zurück geblieben, als es ſich darum gehandelt habe die erſten
Schwierigkeiten, welche der Einrichtung der Anſtalt im Wege
ſtanden, hinwegzuräumen. Abgeſehen davon, daß ſie zu jener
von den Landſtänden überwieſenen Summe ihren Theil mit
bezahlt habe, ſei ſie auch darauf bedacht geweſen in jener
geldarmen Zeit das Mögliche zu leiſten. Sie habe in der
erſten Zeit aus eigenen Mitteln die Gehälter der Profeſſoren
zum größten Theile bezahlt, bis durch die Milde Friedrich

Wilhelms des Großen dem Mangel abgeholfen worden sei. Alle Bürger der Stadt seien darauf eingerichtet Studenten zu beherbergen und es können 150—200 junge Leute bequem untergebracht werden.

Dem Verfasser des Schriftchens mögen bei diesen letzteren Angaben wohl Bedenken darüber aufgestoßen sein, daß die angeführten Zahlen mit den großartigeren Plänen der preußischen Regierung nicht gut in Einklang zu bringen seien. Er fügt nämlich hinzu, „daß die Kleine des Ortes die Moralität der Studenten begünstige, da sie stets gewissermaßen unter Aufsicht sich befänden. In Bezug auf die Ausdehnung der Baulichkeiten wurde darauf hingewiesen, daß noch zwei vorhandene Klostergebäude zu der bisher fehlenden Anatomie, Sternwarte und einem chemischen Laboratorium eingerichtet werden könnten, auch sei der botanische Garten leicht zu vergrößern.

Alle diese Schritte und Vorstellungen blieben jedoch ohne Erfolg. Die Universität ging immer mehr ihrem Ende entgegen. Der Besuch derselben war so schwach, daß sich kaum zwanzig Studenten im Jahre neu einschreiben ließen. Als im Jahre 1816 (den 4. und 5. Juli) eine große Todtenfeier zur Ehre der in dem letzten Kriege Gefallenen in Duisburg veranstaltet wurde, woran sich die reformirte, lutherische und katholische Gemeinde in anerkennenswerthester Eintracht betheiligte, finden wir die Universität als Corporation gar nicht einmal unter den Festgenossen erwähnt. Die Reformations-Jubelfeier in dem darauf folgenden Jahre wurde zwar mitgemacht, es fanden aber vorher weitläufige Berathungen darüber statt, in welcher Weise man sich an der Feier betheiligen solle. Aus mancherlei Rücksichten wurde beschlossen dieselbe nur kirchlich zu begehen. Es kam hierbei zur Sprache, daß das Professoren-Collegium fast nicht repräsentationsfähig sei, da eine theologische Facultät nicht mehr bestehe, ferner, daß das große Auditorium dem Einsturze nahe sei. Man erwartete damals die Herkunft des Ministers von Schuckmann und hoffte über das Schicksal der Universität etwas Sicheres zu erfahren.

Die Entscheidung ließ nun auch nicht mehr lange auf sich warten, die Universität hatte vor Beginn des Winterhalbjahrs

1818 um die Genehmigung gebeten das Verzeichniß der zu haltenden Vorlesungen drucken lassen zu dürfen. Diese Erlaubniß wurde vom Oberpräsidenten der Provinz laut Verfügung aus Köln vom 22. September verweigert. Zugleich erhielt die Universität aber auch die Weisung die Vorlesungen in Duisburg von Michaelis desselben Jahres ab zu schließen, weil mit der Bekanntmachung der Gründung der Universität in Bonn die Aufhebung der Duisburger Hochschule gleichzeitig erfolgen müsse. In diesem Schreiben heißt es: Vorläufig kann ich dem academischen Senate bemerken, daß das königliche Ministerium die Verdienste, welche sich die dortige Universität ungeachtet ihres kleinen Umfangs an Lehrstellen und Mitteln durch bescheidenes stilles Wirken in mehreren Fächern erworben hat, besonders anerkennt und daß des Königs Majestät das Schicksal der bei der Universität angestellten Professoren nach ihren gerechten Erwartungen und zu ihrer vollkommnen Zufriedenheit bestimmen wird. Ich werde mich über diesen Punct, sobald die Auflösung der Universität erfolgt sein wird, weiter gegen die Herren Professoren äußern und wird es mir aber besonders angenehm sein, wenn sie mich einzeln mit ihren Wünschen schon früh bekannt machen wollten."

Eine weitere Verfügung des Oberpräsidenten vom 29. Octbr. 1818 theilte dann ferner mit, daß des Königs Majestät durch Cabinetsordre vom 18. October die Aufhebung der Universität in Duisburg befohlen habe, nachdem durch eine besondere Urkunde die Stiftung der neuen Universität in Bonn angeordnet worden sei. Der dazu ernannte außerordentliche Commissar, Regierungsrath Schultheiß in Cleve, hatte den Auftrag erhalten dem academischen Senate die Bedingungen bekannt zu machen, unter welchen die Aufhebung der Universität erfolgen sollte.

Die Vollmacht an Schultheiß war vom Oberpräsidenten Grafen zu Solms-Laubach unterm 29. October 1818 ausgefertigt worden. Er wurde darin angewiesen sich sofort nach Duisburg zu begeben und dem Senate den Allerhöchsten Willen mitzutheilen. Es wurde Folgendes festgestellt:

Die Professoren und Beamten der Universität behalten ihre Gehälter und Fixa bis zu ihrer anderweitigen Anstellung oder ihrem Ableben aus den Fonds der Universität. (Es war ihnen jedoch die Verpflichtung auferlegt erforderlichen Falles dem Staate anderweitige Dienste zu leisten.) Das Vermögen und die Einkünfte der Universität verbleiben dem Herzogthum Cleve und sollen zur Verbesserung des Schulwesens verwandt werden, zunächst aber zu Gunsten des Gymnasiums zu Duisburg. (Die Bibliothek war der neuen Universität in Bonn überwiesen worden und zwar als Gegenleistung dafür, daß die Universitätsfonds dem Clever Lande verblieben.) Die Stipendien und andere Benefizien fallen ebenfalls an Bonn. Die Gehälter wird die Regierung in Cleve den Professoren zahlen. (Die Bibliothek sollte der Commissar übernehmen und sich den Catalog derselben übergeben lassen.)

Am 7. November 1818 hatte sich Schultheiß nach Duisburg begeben um diesen Auftrag auszuführen. Nach dem hierüber abgefaßten Protocolle waren noch die folgenden Professoren und Beamte der Hochschule in Duisburg anwesend:

1. Der zeitige Rector Karl Bierdemann, Dr. und Professor juris, 50 Jahre alt, von 1790—1792 Auscultator in Berlin, von 1794—1797 Privatdocent in Halle, seit 1797 ordentlicher Professor der Rechte in Duisburg.

2) Der Professor der Medicin, Dr. Daniel Eberhard Günther, 66 Jahr alt, von 1775—1776 Privatdocent in Duisburg, seit 1777 ordentlicher Professor der Arzneiwissenschaft daselbst.

3) Dr. Conrad Jacob Carstanjen, Professor der Medicin 55 Jahr alt, außerordentlicher Professor von 1788--1790, seit 1790 ordentlicher Professor in Duisburg.

4) Der Secretair und Rendant Dahlhof, 47 Jahr alt, fungirt als Secretair seit 1801 und als Rendant seit dem 17. Dezember 1815. Derselbe ist zugleich Conrector des Gymnasiums in Duisburg.

5) Der Buchdrucker F. W. Kramer, 70 Jahr alt, seit 1787 Universitäts-Buchdrucker.

6) Der Universitäts-Gärtner J. C. Erben, 33 Jahr alt, seit 1811 angestellt.

7) Der Tanzmeister Robert Minné, 87 Jahr alt, angestellt seit 1763.

8) Der Pedell W. Schallert, 29 Jahr alt, ein Jahr angestellt.

9) Der Unterpedell Hageborn, 53 Jahr alt, angestellt seit 1804.

Schultheiß übergab die unverschlossene Verfügung des Ober-Präfidenten dem Rector, er übernahm darauf in Bausch und Bogen die Bibliothek und stellte fest, daß Stipendien bei der Universität nicht vorhanden seien. Den Professoren gab er anheim sich einen Gegenstand von dem beweglichen Vermögen der Universität als Andenken auszubitten.

Der Rector und Professor Hüllmann in Bonn hatte durch Verfügung vom 28. November 1818 ebenfalls den Auftrag erhalten sich nach Duisburg zu begeben und die Bibliothek speciell zu übernehmen. Da er durch die Geschäfte der Einrichtung verhindert war, so übertrug er diese Arbeit dem Professor und Bibliothekar Schramm, welcher sie auch besorgte. Der Spediteur Schoeler übernahm die Einpackung und Absendung der Bücher. Es befand sich unter denselben auch ein vollständiges Exemplar des Duisburger Intelligenzblattes, worin viele Aufsätze enthalten waren, die für die Geschichte der Stadt von großem Interesse waren. Die städtische Behörde sprach deshalb den Wunsch aus, dasselbe möge der Stadt erhalten bleiben, was von Seiten der Regierung zugestanden wurde.

In Bezug auf die Entschädigung der Professoren verfügte dann unterm 28. Juli 1819 noch die Regierung, daß Bierdemann, Günther und Carstanjen für die verlorenen unfixirten Nebeneinkünfte jährlich eine Zulage von fünfzig Thalern beziehen sollten. Der Professor Carstanjen, welcher in den letzten fünf Jahren die Bibliothek verwaltet, aber die dafür ausgesetzte Vergütung von 25 Thlr. nicht erhalten hatte, erhielt den Gesammtbetrag für diesen Zeitraum nachträglich ausgezahlt. Die beiden silbernen Scepter so wie die vorhandenen fünf silbernen Siegel übernahm die Regierung. Die chirurgischen und anatomischen Instrumente wurden dem Professor Günther so lange er lebe zur Aufbewahrung belassen, nach seinem Tode sollten dieselben jedoch der Universität in Bonn überwiesen werden.

Der ganze Aufräumungsproceß zog sich bis zum Januar 1821 hin. Mit dem öffentlichen Verkaufe der Pflanzen und Gewächse des botanischen Gartens wurde im September 1802 begonnen, dieselben wurden auf Meistgebot, oft zu den niebrigsten Preisen losgeschlagen. Das Verzeichniß der Archivpapiere hatte sich die Regierung einreichen lassen und verfügte demnächst über ihre Unterbringung. Mit dem Verkaufe der Repositorien, Bänke und dergleichen wurde schließlich der Burgemeister von Duisburg beauftragt, es fand sich jedoch, daß keine mehr vorhanden waren. Die wenigen brauchbaren Gegenstände hatte bereits das Gymnasium übernommen, die Bretter aber waren zur Verpackung der Universitätsbibliothek benutzt worden.

(Separatabdruck aus der „Rhein= und Ruhr=Zeitung.")